Rhetorik

Inhaltsverzeichnis

Überzeugend sprechen kann jeder lernen   7
Voraussetzungen für einen guten Redner   9

Die Sprache – wichtigstes Element der Rhetorik   10
Einfache und treffende Ausdrucksweise   10
Klare Gliederung   14
Flüssiger Stil   15
Sprechtechnik heißt auch Pausentechnik   15

Grundlagen des Sprechens   19
Grundlegendes zur Kommunikation   19
Feed-back wahrnehmen – Feed-back geben   22
Aktiv zuhören   24
Goldene Regeln der erfolgreichen Rede   27
  Beschränken auf Wesentliches   27
  Eine Rede ist keine Schreibe   28
  Humor und Schlagfertigkeit   29
  Menschliche Wärme   29
  Nutzen stiften   30
  Zielbewusstes Reden   30
  Angemessene Sprache   31
  Die WIR-Form   31
  Lebendige und anschauliche Sprache   32
Redefiguren – pfiffige Darstellungsmittel   32

Körpersprache   36
Gestik – Ausdruck der Persönlichkeit   38
Mimik und Blickkontakt   41
Kleider machen Leute   42

Lampenfieber   44
Was ist Lampenfieber?   44
Ein Black-out – was nun?   46

Praktische Tipps zur Vorbereitung 48
Gut vorbereitet ist halb gesprochen 48
Thema und Publikum 49
Redeziel 51
Inhalt: Informationen sammeln und grob gliedern 52
Die Ausarbeitung einer Rede 53
Stichwortkarten oder wortwörtliche Manuskripte 55
Stichwortartige Notizen 56
Wenn schon wörtliche Manuskripte ... 58
Organisatorisches 60

Die Einzelrede 61
Formen der Einzelrede 62
 Der Sachvortrag (Informationsrede) 62
 Die Überzeugungsrede 62
 Die Fest- oder Gelegenheitsrede 63
 Die Spontanrede 65
Aufbauvarianten einer Rede 65
 Analyseform 67
 IDEAL-Formel 67
 Fünfsatz-Rede 68
 Gratulationsschema 68
 Generelles Schema 69
 Die Überzeugungsformel 69
Die verschiedenen Redephasen 70
 Die Zeit unmittelbar vor der Rede 70
 Die Anrede (Beginn) 71
 Die Kontaktphase (Einleitung) 73
 Die Informationsphase (Hauptteil) 74
 Die Appellphase (Schluss) 75
Beurteilung der Einzelrede 76
 Die sechs wichtigsten Beurteilungskriterien 76
 Was schätzen die Zuhörer nicht? 80

Überzeugend sprechen kann jeder lernen

Die Kunst der guten Rede ist für die Menschen seit jeher von großer Bedeutung, ob in der Politik oder im privaten Kreis, ob bei einem geschäftlichen Vortrag oder bei einem Jubiläum im Verein – Anlässe gibt es genug und niemand ist davor gefeit, zu dem einen oder anderen Ereignis die richtigen Worte finden zu müssen. Immer wieder kann man aber feststellen, dass selbst hervorragende Fachleute privat wie beruflich größte Mühe haben ihre guten Ideen und Vorschläge vor einem größeren Plenum zu vertreten. Dabei ist die Fähigkeit seine Gedanken vor einem kleinen oder großen Zuhörerkreis frei von Hemmungen klar zum Ausdruck zu bringen, oft der Schlüssel zum beruflichen und gesellschaftlichen Vorwärtskommen. Er öffnet Ihnen zahlreiche Tore, indem Sie Ihre Zuhörer für sich und Ihre Ideen gewinnen. Und indem Sie die Herzen gewinnen, regen Sie Ihre Mitmenschen zu Taten an.

Die Kunst, andere durch die richtigen Worte, den richtigen Aufbau und die richtige Betonung zu begeistern und zu überzeugen, ist lernbar. Was bei guten Rednerinnen und Rednern oftmals angeboren scheint und vermeintlich mit Leichtigkeit von der Hand geht, ist meistens das Ergebnis von jahrelangem Training. Wer an seiner Persönlichkeit arbeitet und ein Repertoire von Techniken besitzt, kann im Redefall ein volles Register ziehen – und überzeugen. Selbstverständlich haben auch hier Talentierte Vorteile, da sie auf einer höheren Trainingsstufe einsteigen können. Aber sich selber verbessern, sodass man müheloser und wirkungsvoller sprechen kann, dies kann jeder – unabhängig von seinem Erfahrungshorizont!

Die Regeln der Rhetorik, die schon von den großen Rednern der Antike aufgestellt und im Verlaufe der Geschichte immer wieder ergänzt und erweitert wurden, gelten auch heute noch.

Erkenntnisse moderner Wissenschaften wie der Psychologie oder der Sprachwissenschaft komplettieren diese Erfahrungen.

Die Psychologie vermittelt uns Erkenntnisse darüber, wie wir ein Publikum oder Gegenüber richtig einschätzen können. Sie bietet uns aber auch die

Möglichkeit unsere eigene Persönlichkeit besser zu erkennen und daraus Rückschlüsse auf unsere Wirkung als Redner zu ziehen. Das hilft uns auch, unsere Körpersprache – der wir uns in der Regel nicht bewusst sind – in unser Redeverhalten einzubeziehen. Die Sprachwissenschaft gibt uns Hilfsmittel in die Hand, mit denen wir unseren Wortschatz erweitern können und Fremd- und Fachwörter oder Redefiguren gezielt einzusetzen lernen. Auch das Training von Sprech- und Atemtechniken gehört in diesen Bereich sowie das Studium von Musterreden.

Ganz klar muss jedoch festgehalten werden, dass eine gute Rednerin oder ein guter Redner primär durch Persönlichkeit, Ausstrahlung oder Charisma wirken. Die lernbaren Techniken sind wichtige Hilfsmittel, die dazu beitragen, die Botschaft, die durch eine Rede vermittelt werden soll, auf optimale Weise umzusetzen. Mitentscheidend ist außerdem die persönliche Erscheinung, Sprechweise, Stimmlage und Gestik, das Temperament, ja selbst der Augenausdruck des Redners. Das alles zusammen bestimmt über Erfolg oder Misserfolg.

Aber nicht nur für Ihren Erfolg als Rednerin oder Redner ist Selbsterkenntnis wichtig. Ohne regelmäßige Standortbestimmung kann kein geistiges, seelisches oder fachliches Wachstum stattfinden. Eine realistische Betrachtung eigener Stärken und Schwächen ist die Basis für eine befriedigende Entwicklung Ihrer Persönlichkeit und damit auch Ihrer gesellschaftlichen und beruflichen Karriere.

Bedenken Sie allerdings, dass die Selbstbeurteilung Grenzen hat. Ihre Farbtüchtigkeit beim Sehen können Sie auch nur beschränkt selbst testen – von allein kommen Sie nie darauf, dass „Ihr" Rot eben nicht das Rot ist, das andere Menschen wahrnehmen.

Dieses Lehrbuch will Sie dabei unterstützen, wirkungsvoll und erfolgreich zu sprechen. Es ist an der Praxis orientiert und konsequent gegliedert, sodass es später auch als Nachschlagewerk dienen kann, ist also kein reines Lesebuch, sondern soll zur Auseinandersetzung und zum Üben anregen.

Nicht nur Ihre Rede und Ausdrucksfähigkeit wird sich steigern; die daraus gewonnene Selbstsicherheit wird Ihnen auch eine offene und positive Grundeinstellung ermöglichen, die Ihnen neue Fenster nach innen zu Ihrer eigenen Persönlichkeit und nach außen zu Ihren Mitmenschen öffnet.

Auf dieser erlebnisreichen Entdeckungsreise zu sich selbst und auf Ihrem Weg der Selbstentfaltung wünschen wir Ihnen viel Spaß und Erfolg. Denn was gibt es Interessanteres als Neues über sich selbst zu erfahren und an sich zu arbeiten? Auf eines sei allerdings hingewiesen: Sprechen lernt man zuallererst durch sprechen und nicht aus Büchern – Schwimmen lernt man auch im Wasser. Das konkrete umsetzbare Wissen dieses Buches kann Sie jedoch gerade zu Beginn entscheidend unterstützen.

Voraussetzungen für einen guten Redner

Ein guter Redner kennt den vorzutragenden Stoff gut und ist vorbereitet. Er
- spricht über Gebiete, in denen er sich auskennt,
- hat sich Gegenargumente und Fragen vorher überlegt,
- ist in seiner Materie sattelfest,
- kennt sein Publikum oder kann es zumindest relativ schnell richtig einschätzen,
- hat sein persönliches Redeziel und den Ablauf vor Augen,
- hat seine Rede optimal gegliedert.

Ein guter Redner kann sich ausdrücken. Er
- verfügt über einen ausreichenden Wortschatz,
- benützt Fremdwörter oder Fachausdrücke, soweit sie verständlich und nötig sind,
- setzt zuhörerangepasste Wörter in Bezug auf die Branche oder das Vorwissen des Publikums ein,
- ist stilsicher,
- gibt Zitate und Sprichwörter richtig und gegebenenfalls mit Quellenangabe wieder.

Ein guter Redner kann überzeugen und wirkt sicher. Er
- ist engagiert bei der Sache und weckt dadurch Interesse,
- motiviert sein Publikum für sein Anliegen.

Die folgenden Kapitel werden zeigen, wie man diese Voraussetzungen erwerben kann.

Die Sprache –
wichtigstes Element der Rhetorik

Ziel jedes Sprechens ist es, verstanden zu werden. Dieser Satz klingt nach einer Binsenweisheit, die sich von selbst versteht. Aber wie erfüllt man diese scheinbar so einfache Forderung? Wie macht man sich verständlich? Und wie erreicht man, dass die – im Zweifelsfall recht komplizierten – Gedankengänge, die man in einer längeren Rede einem Publikum vortragen will oder muss, nachvollziehbar werden? Dass sie bei den Zuhörern ankommen und darüber hinaus auch noch hängen bleiben?

Optimales Verstehen hängt hauptsächlich von folgenden Kriterien ab:

- einfache und treffende Ausdrucksweise
- klare Gliederung
- flüssiger Stil
- korrekte Aussprache

Die nachfolgenden Abschnitte nehmen diese Punkte auf und erläutern sie.

Einfache und treffende Ausdrucksweise

Es ist eine alte Weisheit, dass ein Redner einfach sprechen muss. Hören Sie einmal einer Radiosprecherin oder einem Fernsehmoderator genau zu, die machen es vor. Die gewählten Wörter sollen eindeutig, geläufig, konkret und allgemein verständlich sein. Fremdwörter und Modewörter sind zu vermeiden und Fachwörter nur dann zu benutzen, wenn sie den Zuhörern bekannt sind.

Wer einfach sprechen will, muss (sprachliche) Bilder verwenden. Das geht unter die Haut. Als Beispiele:

statt:

Ich bin nicht so ganz sicher.

besser:

Darauf wette ich keinen roten Heller.

statt:

Wir werden alles tun, damit Sie zufrieden sind.

besser:

Wir werden Himmel und Hölle für Sie in Bewegung setzen.

Die mündliche Sprache erfordert kurze und einfache Hauptsätze ohne unendlich verschachtelte Nebensätze. Dadurch wird das Hören und damit das Verstehen erleichtert oder überhaupt erst ermöglicht.

Einfach sprechen heißt aber auch etwas ohne angehängte Erklärungen, Verdeutlichungen und Erläuterungen zu sagen. Der Politiker Franz Josef Strauß soll einmal gesagt haben: „Man muss einfach reden, aber kompliziert denken – nicht umgekehrt!"

Glauben Sie, Julius Caesar würde heute noch zitiert werden, wenn er gesagt hätte: „Unter Überblickung der Lage war mir, nach Beschreitung des Ortes des Geschehens, die Erringung eines Sieges möglich."? Die Formel: „Ich kam, sah und siegte!" ist einfacher und einprägsamer! Genauso wie der Volksmund nicht sagt: „Die morphologischen Dimensionen subterrarer Agrarprodukte variieren reziprok zur mentalen Kapazität ihrer Produzenten", sondern: „Die dümmsten Bauern ernten oft die größten Kartoffeln!"

Sprichwörter sind Beispiele, wie mit wenigen Wörtern etwas treffend gesagt werden kann, was merkbar und weitererzählbar wird und damit die Zeit überdauert.

Übersetzen Sie zu Übungszwecken die folgenden einfachen Sprichwörter in komplizierte Sätze:

- „Wer nicht hören will, muss fühlen."
- „Der Krug geht so lange zum Brunnen, bis er bricht."
- „Auch ein blindes Huhn findet manchmal ein Korn."
- „Kräht der Hahn auf dem Mist, ändert sich's Wetter oder es bleibt, wie es ist."

Sie können diese Übung mit selbst erfundenen Beispielen fortsetzen. Sie zeigt, dass die einfachere, bildhaftere Variante die ausdrucksstärkere ist. Es lohnt sich, seinen Wortschatz auszubauen. Wer treffend sprechen kann, trifft eben besser! Treffend ist ein Wort nur dann, wenn es dem Thema angemessen ist, vom Zuhörerkreis verstanden wird und zu Ihrer Persönlichkeit passt. Einfaches Sprechen ist also mit treffendem Sprechen verbunden. Wählen Sie zweckmäßige Wörter aus. Aufgrund der Wortwahl geben Sie sich oft schon als Befürworter oder Gegner einer Sache zu erkennen. So wird in der Schweiz zwischen KKW und AKW unterschieden. Befürworter sprechen von Kernkraftwerk (KKW) – Gegner von Atomkraftwerk (AKW).

Haben Sie nicht auch schon bereits mit Ihrer Wortwahl Ihre Position bekannt gegeben? Haben Sie eigene Erfahrungen? Achten Sie einmal auf die Begriffswahl in der Werbung. Gerade hier werden Wörter sehr sorgfältig und überlegt ausgewählt, da mit dem Wort eine bestimmte emotionale Bedeutung verbunden sein muss. „Flanell" ist für ein Waschmittel vom Wortklang her eher geeignet als für eine Bohrmaschine. Oder würden Sie einen neuen Weichkäse „Geruchi" taufen? Automobilfirmen geben für die Kreation eines neuen Autonamens riesige Summen aus. Der Name muss ja in zahlreichen Sprachen aussprechbar sein und soll möglichst ein neutrales Wort sein, damit es später in der Werbung mit allerlei positiven Begriffen gefüllt werden kann. Twingo, Vectra, Calibra oder Xedos sind solche lancierten Kunstwörter. Flops, wie das Mitsubishi-Auto Pajero, was auf Spanisch „Selbstbefriedigung" heißt, kann sich eigentlich niemand leisten. Bedenken Sie daher, welche Emotionen Sie bei Ihren Zuhörern durch Ihre Wortwahl auslösen könnten. Jedes Wort löst Gefühle aus, bei der Zuhörerin oder dem Zuhörer allerdings vielleicht andere als bei Ihnen selbst. Von Ihrem Lebenspartner oder Ihrem Chef kennen Sie wahrscheinlich die meisten Reiz- und Lieblingswörter. Doch welche Wörter verwenden Dritte gern oder ungern? Indem Sie sich die mögliche emotionale Wirkung Ihrer Worte bewusst machen, können Sie Reizwörter vermeiden und stattdessen schon mit der Wortwahl eine positive Haltung Ihrer Zuhörer hervorrufen. Neben der reinen Wortbedeutung hat eben jede Äußerung noch einen weiteren Aspekt, der sich aus dem Zusammenhang, in dem die Aussage gemacht wird, aus der Betonung der Wörter, der Mimik und der Gestik des Sprechenden ergibt und der den Zuhörern zusammen mit dem faktischen Gehalt vermittelt wird. Unsere Erfahrungen aus anderen Redesituationen helfen uns das Gehörte zu interpretieren. Wichtig für gutes Reden ist neben der Berücksichtigung der emotionalen Wirkung von Wörtern vor allem auch der Umfang Ihres Wortschatzes.

Ihr Wortschatz muss mindestens so umfangreich sein, dass Ihnen ein treffender, für Ihre Zuhörer verständlicher Ausdruck zur Verfügung steht. Für viele Wörter gibt es mehr als einen einzigen Ausdruck, sodass Sie den für Ihre Redesituation treffendsten wählen können. Diese so genannten Synonyme kann man in speziellen Wörterbüchern nachschlagen.

Präzise Wörter führen zu klaren Stellungnahmen und verhindern schwammiges Gerede. Überprüfen Sie Ihre Aussagen einmal unter diesem Gesichtspunkt.

Wortschatzübungen haben also viel mit Rhetorik zu tun. Denn nur das, wofür man Wörter hat, kann man sprachlich auch ausdrücken. Nur in Wörtern kann gedacht werden und Gefühle werden im Gespräch in Wörter übersetzt. Daher ist die Verbesserung des sprachlichen Ausdrucksvermögens von zentraler Bedeutung.

Vorsicht ist bei emotionsgeladenen Wörtern wie Gerechtigkeit, Liebe, Mitbestimmung oder Freiheit geboten. Oft nehmen wir solche Begriffe sehr leichtfertig in den Mund, haben aber nur unklare Vorstellungen über ihre Bedeutung. Hakt dann jemand nach und verlangt eine genaue Definition, kann es leicht zu einer peinlichen Situation für den Redner kommen.

Eine Definition erklärt den Zuhörern, was der Redner genau mit einem bestimmten Begriff meint. Als Begriffsinhalt wird die Summe aller Merkmale bezeichnet, die dem zu beschreibenden Objekt gemeinsam sind. Definitionen sind zeit- und personenabhängig. So hieß Gesundheit bei den alten Griechen noch Genussfähigkeit, im Mittelalter wurde es mit Glaubensfähigkeit gleichgesetzt und heute bedeutet es für die meisten Menschen Arbeitsfähigkeit.

Wie definieren wir? Eine Definition ist dann korrekt, wenn wir das Wort kurz und knapp beschreiben. Suchen Sie für einen Begriff, den es zu definieren gilt, den Oberbegriff und zeigen Sie den spezifischen Unterschied auf. Kompliziert? Nein. So kann Aktie definiert werden als „Wertpapier (Oberbegriff) mit einer variablen Rendite (spezifisches Merkmal, das die Aktien von anderen Wertpapieren wie zum Beispiel dem Pfandbrief unterscheidet)". Es versteht sich, dass das Wort, das definiert werden soll, nicht in der Erklärung vorkommen darf (ein Wohnhaus ist ein Haus). Die Beschreibung darf nur auf das zu definierende Wort zutreffen und hebt den Unterschied zu allen übrigen Wörtern heraus. Wählen Sie positive Formulierungen. Negative Formulierungen (Gesundheit ist die Absenz von Krankheit) oder Beschreibungen des Gegenteils (weil das Haus größer als eine Hundehütte ist, ist es ein Hochhaus) sind zu vermeiden.

Sie können auch ein Beispiel nennen, um den Begriff zu erklären. Dann kann allerdings nicht mehr von einer Definition, sondern lediglich von einer genaueren Umschreibung gesprochen werden. Diese wird oft genügen. Solche Beispiele sollen der Veranschaulichung dienen.

Klare Gliederung

Gelegentlich ist es zweckmäßig Ihre Vortragsstruktur in Ihrer Rede darzulegen. Sie dient damit für die Zuhörerinnen und Zuhörer quasi als Gerippe, das durch die geäußerten Gedanken mit Fleisch und Blut gefüllt wird. Das Beschreiben des Aufbaus Ihrer Rede kann folgendermaßen eingeleitet werden:

- „Dazu zwei Anmerkungen. Zu Anmerkung Nummer 1: ..."
- „Ich greife drei Aspekte heraus. Zum Ersten: ..."
- „Gehen wir die Probleme zeitlich richtig geordnet durch. Um 8 Uhr war ..., dann um 9 Uhr ... und um 10 Uhr ..."
- „Von Frau Kramer haben Sie eine Einführung ins Thema erhalten. Sehen wir uns nun gemeinsam die beiden Alternativen an. Zuerst wollen wir über ... und anschließend über ... sprechen."
- „Aus der Fülle von Themen greife ich nur drei heraus. Es sind: 1. ..., 2. ... und 3. ... Nun zu Punkt 1."

Wenn Sie Ihren Vortrag so gliedern, erleichtern Sie sich die Vorbereitung und den Zuhörerinnen und Zuhörern das Verstehen. Wählen Sie daher einen logischen Aufbau.

Flüssiger Stil

Der Stil ist die Form, das äußere Gewand. Grundsätzlich sollte man folgende Punkte beachten:
1. Vermeiden Sie eine Aneinanderreihung von Substantiven. Gebrauchen Sie stattdessen so oft es geht Verben – diese wirken anschaulicher und lebendiger. „Erwägen" ist besser als „in Erwägung ziehen" und „beweisen" ist besser als „unter Beweis stellen".
2. Formulieren Sie aktiv und positiv; vermeiden Sie Passivkonstruktionen und Verneinungen. Besser ist somit: „Ich begrüße Sie" als „Ich freue mich Sie begrüßen zu dürfen". Ebenso ist „es ist warm" klarer als „nicht kalt".
3. Sie sollten immer grammatikalisch korrekt sprechen. Wählen Sie lieber einfache, aber richtige Satzkonstruktionen als schwierige, die Sie nicht richtig beherrschen.
4. Sprechen Sie möglichst anschaulich und so, dass sich die Zuhörerinnen und Zuhörer in dem Gesagten wieder erkennen.
5. Vermeiden Sie Füllwörter (äh, nicht wahr, und so) oder Abschwächungen.

Abschwächungen sind Formulierungen oder Beiwörter, die den Gehalt einer Aussage mindern oder teilweise zurücknehmen. Oft werden diese Sätze mit dem Konjunktiv, der Möglichkeitsform, eingeleitet. „Ich würde ..." oder „Ich könnte ..." sind typische abschwächende Einleitungen.

Sprechtechnik heißt auch Pausentechnik

Wer sprechen will, braucht ein gutes Gehör. „Warum?", werden Sie denken. Wissenschaftliche Forschungen haben einen engen Zusammenhang zwischen einem guten Gehör und einer guten Stimme sowie dem Zuhörvermögen ergeben. Man weiß also heute, dass die Qualität phonetischer Betätigung (Sprechen oder Singen) von der Qualität des Hörens abhängt. So können Taube das Sprechen nur mühsam erlernen und bringen es nie zur Perfektion. Der Mensch spricht und singt auf denjenigen Frequenzen, die er selber hört. Was bedeutet das? Jeder Sprechton ist ein Mischton, der aus verschiedenen Frequenzen besteht. Die Stärke eines Tones wird durch die unteren Frequenzen, die Schönheit und Harmonie eines Tones jedoch durch die oberen Frequenzen bestimmt. (Frequenz ist die Anzahl der Schwingungen pro Sekunde und wird in Hertz gemessen. Die tieferen Töne haben weniger Schwingungen als die höheren Töne.) Eine schöne Stimme setzt somit voraus, dass der betreffende Redner über ein gutes Gehör verfügt! So konnte man bei dem italienischen Opernsänger Enrico Caruso, einem der begnadetsten Sänger überhaupt, feststellen, dass er mit steigenden Frequenzen immer besser hörte. Lassen Sie daher zuerst Ihr Gehör testen und schulen Sie das Hörvermögen, wenn Sie Ihre Sprechtechnik verbessern wollen. Vielleicht geht dann auch Ihr Lern- und Sprechvermögen in Fremdsprachen markant nach oben.

Die Rede lebt vom Wechsel. Entscheiden Sie sich daher nicht heute nur schnell zu reden. Schnell wird nur im Kontrast zu weniger schnell oder gar langsam wahrgenommen und wirkt nur dann.

Im Regelfall geht es nicht um eine perfekte Schauspielerausprache – dies ist ja nicht Ihr Beruf. Es geht jedoch darum, Ihre Stimmbänder möglichst zu schonen und für die Zuhörerinnen und Zuhörer eine angenehme Sprecherin oder ein angenehmer Sprecher zu sein. Dadurch wir man erfolgreicher. In jedem Fall sollen Sie gut artikulieren. Ihre Aussprache sollte deutlich und verständlich sein. Nuscheln, verschluckte (End-)Silben, näseln, stottern oder lispeln erleichtern den Zuhörern die Aufgabe nicht.

Stottern, die Wiederholung von Lauten, Silben oder Wörtern, bedingt durch eine Blockade beim Aussprechen, ist eine altbekannte Sprachstörung. Bereits im Alten Testament ist die Rede davon, dass Moses eine „schwere Zunge" gehabt hätte. Ein Hinweis auf den ersten Stotterer in der Literatur? Der berühmte Redner Demosthenes bemühte sich um Selbstheilung; er versuchte am Strand durch Brüllen die Meereswellen zu übertönen und förderte seine Zungenfertigkeit, indem er mit Kieselsteinen im Mund sprach. Selbsthilfegruppen oder therapeutische Sitzungen sind zeitgemäßere Methoden um bei störenden Sprachproblemen Abhilfe zu finden.

Auch genügende Resonanz (Stimmvolumen) bringt Sicherheit und Überzeugungskraft. Ihr ganzer Körper muss beim Aussprechen mitschwingen und so die Botschaft ausdrücken. Mit der Stimme machen Sie Stimmung.

Eine sympathische Stimme muss einem nicht zwingend in die Wiege gelegt worden sein, sondern lässt sich erlernen. Voraussetzung dafür ist ein gewisses seelisches Gleichgewicht, ein grundsätzlicher Einklang von Körper, Seele und Geist. Darüber hinaus nützt ein konsequentes Training: Ein Tonband, ein Stimmtherapeut, ein Sprechtrainer oder auch ein Schauspieler helfen weiter. Gesangsausbildung nützt für das rhetorische Vorwärtskommen allerdings nur wenig. Die regelmäßige Selbsteinstufung auf einem Beurteilungsraster (gegensätzliche Begriff werden auf einer Punkteskala einander gegenübergestellt) dient schon eher dem rednerischen Weiterkommen. Ein solcher Raster kann auch auf andere Personen, beispielsweise auf einen Radiosprecher, angewendet werden. Auf diese Weise sammelt man Plus- und Minuspunkte am Beispiel einer anderen Person.

Leiden Sie unter Heiserkeit beim Sprechen? Das ist oft ein Zeichen falscher Sprechtechnik. Regen Sie Ihre Speichelbildung mit Früchten oder Säften an und meiden Sie ölige oder süße Speisen, die den Rachen austrocknen. Ihre eigene Aussprache können Sie durch einen Freund oder eine Freundin oder selbst aufgrund einer Tonbandaufzeichnung überprüfen. Im Folgenden werden die wichtigsten Beurteilungskriterien vorgestellt:

Die gekonnte Rednerin oder der gewiefte Redner zeichnen sich dadurch aus, dass sie Pausen wirkungsvoll einzusetzen wissen. Pausen setzen heißt das Lampenfieber überwunden zu haben und eine sinnvolle Atemtechnik zu beherrschen. Viele Personen, die Lampenfieber haben, sprechen Pausen-los, da sie die Stille nicht ertragen.

Pausen einlegen oder schweigen können zeigt Stärke – und nicht Schwäche, wie wir gemeinhin annehmen. Es beweist, dass Sie sich dem Erwartungsdruck Ihrer Zuhörer nicht zu unterwerfen brauchen. Nur ein ängstlicher Redner spricht unentwegt oder überbrückt eine Denkpause beispielsweise mit Füllwörtern wie „äh" oder „ähm".

Pausen bringen für die sprechende Person sowie für Zuhörerinnen und Zuhörer Vorteile. Sie bieten der Rednerin oder dem Redner Gelegenheit Luft zu holen und gegebenenfalls einen Blick auf Manuskript oder Stichwortkarten zu werfen. Dem Publikum geben die Pausen Gelegenheit das Gesagte zu überdenken. Die Pause erzeugt zusätzliche Spannung, wenn sie vor der zentralen Aussage eingeschaltet wird. Eine Wirkungspause nach der zentralen Aussage lässt deren Gewichtigkeit für einen Augenblick im Raum stehen. So prägt sie sich ein, „hallt" in den Ohren der Zuhörer „nach". Darüber hinaus dienen Pausen zur Trennung von Abschnitten oder Aufzählungspunkten, was den Referenten auch Zeit zum Atemholen bietet.

Überprüfen Sie Ihre Pausentechnik anhand einer Tonbandaufzeichnung. Welches ist Ihre längste Pause? Wie lange dauert sie? Wo wurden Pausen sinnvoll eingesetzt? Wo wären noch Pausen angebracht gewesen? Dass Schweigen eine Stärke sein kann, wurde bereits gesagt. In einem harten Gespräch oder einer Auseinandersetzung „verliert" oft derjenige, der als Erster nach einer Pause wieder zu reden beginnt. Denn Schweigen kann auch eine Antwort sein. Heinrich Böll sagte: „Schweigen ist ein Argument, das kaum zu widerlegen ist."

Grundlagen des Sprechens

Grundlegendes zur Kommunikation

Wir sprechen heute oft von Kommunikation, ob in der Informatik (der Wissenschaft von Computern), in der Werbung oder im Privatleben. Im weitesten Sinne versteht man darunter Informationsübertragung von einem Sender zu einem Empfänger über eine Leitung sowie deren Rückmeldung (Feedback). Im engeren – sprachwissenschaftlichen – Sinn meint man mit dem Sender die Sprecherin oder den Sprecher, mit Empfänger die Zuhörerin oder den Zuhörer (und oft auch gleichzeitig Zuschauerin oder Zuschauer). Was kompliziert klingt, ist eigentlich ganz einfach: Eine Sprecherin (zum Beispiel Anna; Senderin) sagt etwas („Hast du noch Durst?"; Information) über einen bestimmten Weg (Luft, mündlich; Leitung) zu einem Zuhörer (Peter; Empfänger) und dieser reagiert (mit „Ja" und Kopfnicken; Feed-back). Als Skizze dargestellt sieht das so aus:

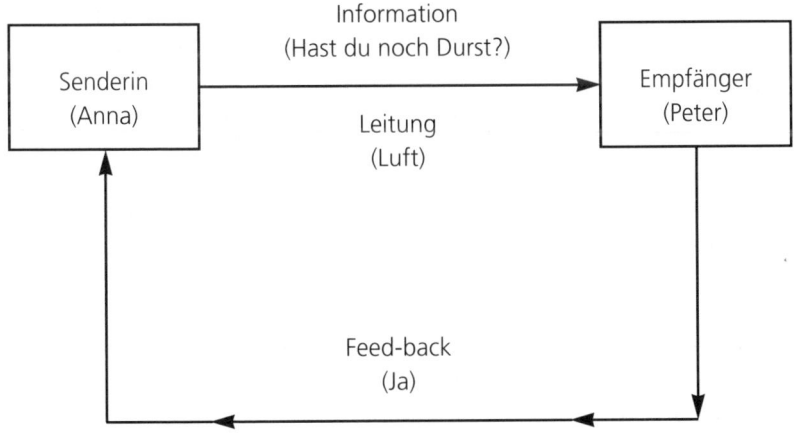

Informationen werden immer über eine Leitung übertragen, sei dies die Luft in einem persönlichen Gespräch, das Telefon oder ein Brief beziehungsweise in der Datenverarbeitung der Datenaustausch über ein Kabel. Wir wollen uns hier, da es uns um die Rede geht, vorrangig mit dem Informationsaustausch in einer unmittelbaren Sprechsituation beschäftigen, das heißt Redner und Zuhörer (Sender und Empfänger) befinden sich im gleichen Raum. Die Information ist in diesem Fall das direkt gesprochene Wort (verbal); zusätzliche Informationen werden dem Zuhörer durch Haltung, Gestik und Mimik übermittelt (nonverbal). Der verbalen Information sind wir uns meist bewusst – aber der nonverbalen? Der Sender codiert seine Informationen so, dass sie beim Empfänger möglichst die gewünschte Wirkung erzielen. Das ist nicht immer leicht, vor allem wenn er den Empfänger nicht kennt. Durch den Empfänger wird die gehörte und gesehene Information entschlüsselt und umgesetzt. Er ordnet ihr aufgrund seiner Erfahrung und seines Wissens Bedeutung zu. Er interpretiert die Information. Gewisse Punkte überhört er vielleicht, andere glaubt er gehört zu haben, weil er sie an dieser Stelle erwartet. Verständlich, dass Sender und Empfänger nicht immer das Gleiche unter einem bestimmten Wort oder einem bestimmten Satz verstehen. Missverständnisse sind unter solchen Umständen leicht möglich. Mit der Frage „Wie meinte er wohl diese Aussage?", ist dem Rätselraten Tür und Tor geöffnet. Welcher Aspekt stand im Vordergrund? Ging es dem Sender primär um die Sache oder war sein Anliegen eher reine Selbstdarstellung? Was sagte er über unsere Beziehung aus? Was forderte er?
Die Reaktion des Empfängers auf die Information wird Feed-back genannt. Das Feed-back des Empfängers kann verbal oder nonverbal oder beides sein. Es zeigt dem Sender, dass die gesendete Information angekommen ist. An der Art des Feed-backs kann der Sender oft bereits erkennen, wie seine Rede verstanden wurde und gegebenenfalls Missverständnisse korrigieren.
Zusammengefasst bedeutet das also:

Sender steht für Sprecher, Referent, Präsentator, Redner.

Empfänger steht für Zuhörer (auch unfreiwillige!), Teilnehmer, Partner.

Leitung steht für den Kanal, den Weg, das Mittel, über das die Information übertragen wird.

Information steht für Botschaft, Tatsache, Aussage, Meldung, Appell, Mitteilung in Sprache, Schrift, Bild, Zeichen; sie kann verbal (Wörter, Sätze, Laute) und/oder nonverbal (Haltung, Mimik, Gestik) sein.

Feed-back steht für Rückkoppelung, Rückmeldung, Reaktion, Antwort (verbal oder nonverbal).

Menschen kommunizieren permanent auf irgendeine Art und Weise miteinander. Einer Kommunikation kann man sich nicht verweigern und wer nichts – auch mit dem Körper – sagen will, sagt eben genau dadurch auch etwas aus, nämlich, dass er keine aktive Kommunikationsaufnahme will und in Ruhe gelassen werden möchte. Denken Sie an eine Situation in einem Fahrstuhl, in der jedermann an die Decke oder auf den Boden starrt. Selbst wenn Sie im Lift „nicht sprechen", sprechen sie eben gerade auch dadurch. Paul Watzlawick, ein berühmter Kommunikationswissenschaftler, sagte einmal: „Man kann nicht nicht kommunizieren!"

Inwieweit die Kommunikation absichtlich oder unabsichtlich zu Stande kommt, spielt für uns hier keine Rolle. Unterschieden werden kann:

nonverbal/zufällig:	Blickkontakt, Lächeln beim Spazierengehen, im Zug oder Wartezimmer
nonverbal/absichtlich:	Go-go-Girl, promenierender Playboy, Umarmung, viel sagender Blick, „den Vogel zeigen"
verbal/zufällig:	Gespräch in Zug, Tram oder Bus, am Skilift, mit einem Anhalter
verbal/absichtlich:	Verkaufs- oder Mitarbeitergespräch, Sitzung, Vortrag

Kommunikation ist immer ein Kreislauf. Eine wirkliche Einwegkommunikation ohne irgendwelche Reaktionen des Empfängers gibt es nicht. Selbst vermeintliche Einwegkommunikationen entsprechen der Definition bei näherer Betrachtung nicht. So erhält eine Firma Bestellungen aufgrund eines Inserates, der Radiosender Höreranrufe als Reaktion auf eine Sendung oder der Marketingleiter Zahlen der Publikumsbefragung. Monologsituationen gibt es streng genommen nur im Selbstgespräch.

Kommunikation bedeutet in vielen Fällen – über eine reine Weitergabe von Informationen hinaus – eine Einflussnahme auf den Gesprächspartner. Denn in den meisten Redesituationen will man ja etwas erreichen, eine Idee vermitteln, eine Handlung veranlassen, den Partner von etwas überzeugen.

Feed-back wahrnehmen – Feed-back geben

Es wird oft davon gesprochen, wie wichtig das Feed-back für die menschliche Kommunikation ist. Aufgrund der Reaktion, die ein Sprecher auf seine Worte erhält, kann er feststellen, ob er verstanden wurde und gegebenenfalls Missverständnisse berichtigen. Aber Feed-back hat noch eine andere Funktion: Es zeigt uns, wie wir auf unsere Gesprächspartner wirken und wir können daraus Rückschlüsse auf uns selbst, auf unsere Persönlichkeit, ziehen. Vergessen Sie nicht, dass das Bild, welches Sie von sich selbst haben, nicht zwingend mit dem übereinstimmt, das sich andere Personen von Ihnen machen. Anhand des von den amerikanischen Psychologen Luft und Ingham entwickelten „Johari-Fensters" kann dies verdeutlicht werden:

	mir selbst bekannt	mir selbst unbekannt
anderen bekannt	1 Arena	3 Selbstblindheit
anderen unbekannt	2 Fassade	4 Blinder Fleck

Es werden hier vier Teile Ihrer Persönlichkeit gezeigt. Davon ist ein Teil sowohl Ihnen als auch Ihren Mitmenschen bekannt, ein Teil nur Ihnen selbst (den Sie vielleicht auch nicht offenbaren wollen), ein Teil nur Ihren Mitmenschen und ein Teil weder Ihnen noch Ihren Mitmenschen. Somit zeigt Feld 1 denjenigen Teil, der Ihnen und anderen bekannt ist, die so genannte Arena. Feld 4 denjenigen Teil, der weder Ihnen noch anderen bekannt ist, den so genannten „blinden Fleck". Feld 2 ist Ihnen, jedoch nicht Dritten, Feld 3 ist Dritten, jedoch nicht Ihnen bekannt.
Ein Beispiel soll diese Theorie veranschaulichen. Jedermann weiß und Sie würden das auch jedermann mitteilen, dass Sie braune Haare haben, 1.85 m groß sind und von Beruf Kaufmann (Feld 1). Nur Sie selbst wissen vielleicht,

dass Sie oft Störungen der Sehschärfe haben oder sich zum gleichen Geschlecht hingezogen fühlen. Anderen möchten Sie dies tunlichst verbergen (Feld 2). Ihre Mitmenschen erleben Sie als arrogant und unbelehrbar, während Sie selbst diese schlechten Eigenschaften gar nicht wahrnehmen (Feld 3). Weder Ihnen noch Dritten ist aber Ihre ganz leichte Sprachstörung oder Ihr Herzfehler bewusst (Feld 4). Jeder Aspekt Ihrer Persönlichkeit lässt sich somit einem dieser vier Felder zuteilen.

Durch ein Feed-back von Dritten haben Sie die Chance etwas über sich zu erfahren, was Ihnen vielleicht bisher verborgen blieb, also in das Feld 3 des Johari-Fenster fällt. Feed-back kann somit ein Spiegel sein, der zeigt, wie man von den anderen gesehen wird. So wie der Spiegel Ihnen keine Vorschriften über die Frisur macht, so gibt Ihnen auch der Feed-back-Geber keine Anweisungen oder gar Befehle. Er zeigt lediglich Ihr Bild, das Sie bedenken sollen. Er hilft zu erkennen, wo man eventuell nicht so erlebt wird, wie man sich selbst sieht oder zu wirken glaubt. So bin ich im Zweifel gar nicht der lustige Unterhalter, für den ich mich immer gehalten habe. Eine Anpassung oder Verhaltensänderung, die sich aus dem neuen Aspekt der eigenen Persönlichkeit ergibt, kann – muss aber nicht – erfolgen. Auf keinen Fall sollte man gleich die gesamte Persönlichkeit umkrempeln wollen, was in der Regel sowieso nicht von Erfolg gekrönt ist.

Wichtig ist aber das Feed-back auf die Wirkung einer Persönlichkeit immer dann, wenn daraus Rückschlüsse auf die Wirkung des eigenen Redeverhaltens gezogen werden können. Hier sollte jeder, der beruflich oder privat viel mit Menschen reden muss, auf jeden Fall besonders aufmerksam sein um entsprechend erfolgreich kommunizieren zu können.

Was hört der Mensch neben dem eigenen Namen am liebsten? Eine positive Reaktion, ein Lob, ein Dankeschön oder ein Kompliment. Wir alle streben nach Beachtung und Anerkennung. Das Anerkennungsbedürfnis ist ein menschliches Grundbedürfnis. Jeder möchte sich wertvoll fühlen. So wie wir uns selber über ein positives Feed-back freuen, so sollten wir anderen solche positiven Rückmeldungen geben. Ein Lob motiviert, gibt neue Kraft, muntert auf, tröstet und stärkt damit das Selbstvertrauen. Nichts ist dabei herzlicher, als sich mitzufreuen. Ihre Reaktion zeigt dem Partner, wie er erlebt wird. Über die Zufriedenheit in einem Betrieb entscheiden häufig nicht Lohn und Position, sondern Anerkennung für die Leistung der Mitarbeiter durch Vorgesetzte und Arbeitskolleginnen und -kollegen.

Kritik, im Gegensatz zum Feed-back, das oft spontan, ja unbewusst erfolgt, ist die bewusste und überlegte positive oder negative Beurteilung einer Person oder ihrer Leistungen. Kritik ist kein bloßer Spiegel, sondern erhebt Anspruch auf Verhaltensveränderung beim Empfänger der Kritik. Aber selbst eine schmerzhafte negative Kritik wie Tadel oder Geringschätzung ist oft besser als überhaupt keine Reaktion. Kinder demonstrieren uns das, indem Sie sich solange unmöglich benehmen, bis sie endlich die Aufmerksamkeit der Eltern auf sich gezogen haben.

Ein Gesprächspartner wäre im Fall einer ausbleibenden verbalen Reaktion rein auf die Interpretation von Mimik und Gestik und andere Signale der Körpersprache angewiesen, was häufig zu Fehlinterpretationen führt und den Sprechenden verunsichert.

Tipps für das Geben von Feed-back oder Kritik:

- Beschreiben Sie präzise, was sie beobachtet haben und wie es auf Sie gewirkt hat.
- Seien Sie offen und ehrlich, aber nicht verletzend.
- Ihre Reaktion muss der Situation und dem Verhalten des Gesprächspartners angepasst sein.
- Reagieren Sie rasch mit Feed-back.

Aktiv zuhören

Wer gut reden will, muss auch zuhören können. Wer aktiv zuhören kann, erfährt viel Wesentliches und ist ein begehrter Gesprächspartner. Das klingt selbstverständlich, aber auch zuhören will gelernt sein.

Dass gutes Zuhören sehr viel mit Sprechen zu tun hat, hat der griechisch-römische Philosoph Epiktet (55 – 135 n. Chr.) vielleicht gemeint mit seiner Aussage: „Der Mensch hat zwei Ohren und nur eine Zunge, damit er doppelt so viel hören kann, wie er spricht." Nicht jede Rednerin oder jeder Redner wird Sie gleichermaßen fesseln können. Hängt der Grad des Zuhörens jedoch nur von den Fähigkeiten des Sprechenden ab? Können Sie als Zuhörerin oder Zuhörer nichts dazu beitragen?

Zahlreiche Erkenntnisse über das Zuhören, wie die, dass wir Menschen zu vorschnellem Urteilen neigen, weil wir nicht richtig oder nicht zu Ende zuhören, gehen auf den amerikanischen Psychotherapeuten Carl R. Rogers zurück. Ihm verdanken wir das weiter unten dargestellte Modell und zahlreiche Techniken die „Unart des schlechten Zuhörens" zu vermeiden. Nachvollziehendes Zuhören, ohne gleich zu werten, ist das Portal für Verständnis. Das heißt, eine Aussage einmal aus der Sicht des Sprechers anzusehen und sich zu überlegen, wie er die Aussage wohl gemeint hat. In welchem Rahmen steht sie? Wie kommt er zu dieser Aussage? Empathie nennt man die Fähigkeit, sich in andere hineinzuversetzen. Das klingt einfach. Wollen Sie ein Experiment wagen? Beim nächsten angeregten Gespräch am Stammtisch, im Geschäft oder unter Freunden schlagen Sie vor, dass künftig keiner seine Meinung äußert, bevor er nicht die Aussage des Vorredners wiederholt hat. Sie werden merken, dass Sie sich und ihren Gesprächspartnern eine der schwierigsten Aufgaben aufgebürdet haben. Für zahlreiche Menschen scheint es sogar unmöglich zu sein sich an diese Vorgabe im Gespräch zu halten. Aber das Funktionieren dieses kleinen Experimentes würde belegen, dass echte Kommunikation und menschliche Anteilnahme möglich wäre. Anteilnahme heißt dabei nicht, dass Sie mit der Meinung des Sprechers übereinstimmen müssen. Es heißt nur, dass Sie seine Ansicht genau verstanden haben und seinen Standpunkt daher wiedergeben können. Aber damit wären wir der Lösungsfindung oftmals einen entscheidenden Schritt näher. Der Grad Ihrer Zuhörbereitschaft hängt von zahlreichen Faktoren ab. Wenn Sie sich dem Referenten verpflichtet fühlen, beispielsweise weil es Ihr Bruder oder Ihr Chef ist, werden Sie bestimmt aktiver zuhören als bei fremden Personen. Je mehr Interesse Sie der Sprecherin oder dem Sprecher als Person entgegenbringen, desto interessierter dürften Sie wohl ebenfalls sein. Auch wenn Sie dem Veranstalter gegenüber verpflichtet sind, beeinflusst dies die Zuhörbereitschaft positiv, genauso, wenn Sie am Thema interessiert sind und neue Erkenntnisse gewinnen möchten. Erinnern Sie sich nur an Ihre Schulzeit zurück. Die spannenden Themen haben Sie im Flug gelernt – langweilige Themen wollten und wollten Ihnen nicht in den Kopf, weil Sie dafür kein Interesse hatten. Sie waren nicht motiviert. Motivation, die einen Nutzen in Aussicht stellt, ist immer ein besseres Mittel, um Aufmerksamkeit zu erhalten, als die Drohung mit Nachteilen.

Zusätzlich beeinflusst es Ihr Zuhörverhalten, wenn Sie am Schluss einen aktiven Diskussionsbeitrag leisten wollen oder selbst zu der Thematik Stellung beziehen müssen.

Der ganze Vorgang des Zuhörens wickelt sich in vier aufeinander folgenden Schritten ab. Es sind die folgenden Phasen:

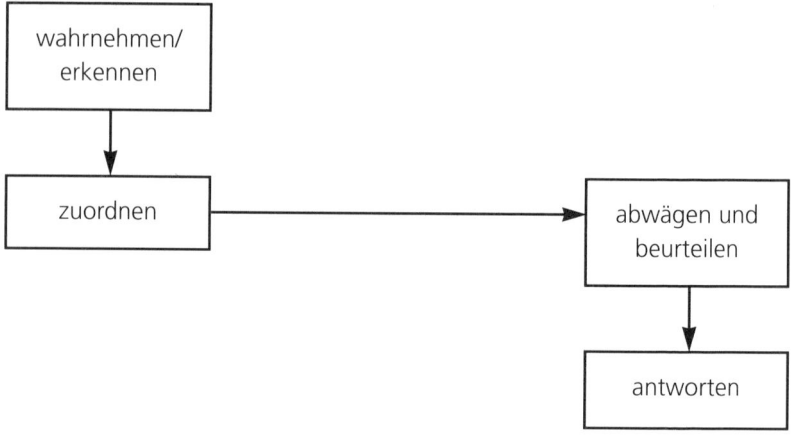

Wahrnehmen/erkennen Zuerst muss das Gesagte akustisch verstanden werden. Störquellen wie Lärm, nuschelnde Aussprache des Sprechers oder die eigene Müdigkeit muss der Zuhörer überwinden, damit er die Aussagen des Sprechers aufnehmen kann.
Das bedeutet: Fragen Sie nach, wenn Sie etwas (akustisch) nicht verstanden haben. Konzentrieren Sie sich auf die Sprecherin oder den Sprecher und deren Aussagen, unterbrechen Sie nicht unnötig und ermutigen Sie die sprechende Person durch Signale Ihrer Aufmerksamkeit wie Blickkontakt und Körperhaltung zum Weitersprechen.

Zuordnen In dieser Phase sollten Sie sich fragen, wie wohl die Aussage gemeint ist. Stellen Sie das Gesagte, wenn möglich, in einen Zusammenhang mit anderen Aussagen des Redners und mit dem, was Sie über sein Wertesystem wissen. Indem Sie das tun, bemühen Sie sich um den Sinn der Aussage, nicht, wie er sich Ihnen darstellt, sondern wie ihn der Sprecher verstanden hat und verstanden wissen wollte. Sie versuchen frei von Ihren Werten die Aussage zuzuordnen.

Abwägen und beurteilen Als nächster Schritt wird die zunächst wertfrei aufgenommene und zugeordnete Nachricht abgewogen und bewertet. Sie überlegen sich Ihre Stellungnahme. Wie möchten Sie reagieren?

Antworten Jetzt können Sie reagieren, das heißt, Sie antworten. Sie äußern Ihre Ansicht – Ihre Zustimmung oder Ablehnung.

Goldene Regeln der erfolgreichen Rede

Nachdem im letzten Kapitel von den Grundlagen des Sprechens die Rede war, soll es jetzt um die Voraussetzungen für erfolgreiche Reden gehen.

Beschränken auf Wesentliches

„Lieber über wenig viel, als über viel wenig berichten." Diese Regel heißt, dass wir uns auf das Nötige konzentrieren und alles Unnötige daher unbarmherzig weglassen. Martin Luther meinte einst: „Tritt frisch auf, mach's Maul auf, hör bald auf!" Sprechen auch Sie nur so lange, wie Sie etwas zu sagen haben. Konzentrieren Sie sich auf Wesentliches. Brillanz können Sie durch die Folgerichtigkeit der Gedankengänge und durch treffende Argumente beweisen, nicht aber durch Zurschaustellung Ihres gesamten Wissens. Damit wäre auch Ihr Publikum überfordert, denn es braucht Zeit neuen Gedankengängen zu folgen und sie zu verdauen. Wer glaubt, kurze Reden seien schnell vorbereitet, irrt. Gerade in der Beschränkung auf das Wesentliche liegt ein großer Aufwand. Winston Churchill sagte: „Wenn ich nur zehn Minuten sprechen darf, so brauche ich eine Woche zur Vorbereitung. Steht mir eine Stunde zur Verfügung, so brauche ich zwei Tage. Habe ich aber unbegrenzt Redezeit, so kann ich sofort mit Sprechen beginnen."
Eine Rede ohne Vorbereitung endet oft fatal. Da kommt Ihnen plötzlich während des Sprechens ein weiterer Gedanke in den Sinn – und noch ein Nebengedanke und noch einer. So dauert die Rede nicht nur sehr lange, sondern sie ist oft substanzlos. Das Wichtige geht im Nebensächlichen unter, eine Gliederung ist nicht erkennbar, der Redner manövriert sich mit immer neuen spontanen Einfällen, die zum Thema passen oder nicht, immer mehr in eine Sackgasse. Solche Sackgassen werden oft eingeleitet mit:

- „Das ist ja wie …"
- „Da fällt mir gerade noch ein …"
- „Wir hatten auch einmal/ich war auch einmal …"
- „Da kommt mir noch in den Sinn …"
- „Es gibt noch andere Beispiele. Ich erinnere mich …"

Manchmal merkt ein Redner selbst, dass er sich zu verzetteln beginnt. Eine Rückkehr aus der Sackgasse gelingt beispielsweise mit folgenden Aussagen:
- „Aber weitere Beispiele sind wohl nicht nötig …"
- „Ich glaube, diese Beispiele haben deutlich gezeigt, dass …"
- „Aber ich brauche nicht weiter in Details zu gehen …"

Eine Rede ist keine Schreibe
Die geschriebene Sprache neigt zu komplizierten Satzkonstruktionen, zu unzähligen Nebensätzen und zu ausführlichen Erläuterungen. Daher kommt der an sich trivialen Weisheit, dass eine Rede keine Schreibe sein sollte, noch immer große Bedeutung zu. Wer sein mühsam notiertes und ausformuliertes Manuskript zum Rednerpult schleppt und vorträgt, darf sich nicht wundern, wenn die Zuhörerinnen und Zuhörer nicht folgen können. Die gesprochene Sprache ist eine andere als die geschriebene Sprache. Und wirklich nur ganz wenige Menschen können die mündliche Sprache optimal aufschreiben. Wörtlich ausformulierte Vorträge sind somit nicht nur in der Vorbereitung sehr aufwändig, sondern ermüden die Zuhörerinnen und Zuhörer beim Halten ungemein. Ein emotionales Feuer springt bei auswendig gelernten oder abgelesenen Vorträgen selten über. „Man muss die Gesichter der Zuhörer beobachtet haben, wenn ein vermeintlicher Redner das Podium besteigt und zunächst ein schweres Manuskript auf das Pult legt. Man darf sicher sein, dass die Mehrheit der Zuhörer nicht auf die Rede hört, sondern betrübt verfolgt, wie langsam sich das Verhältnis der vorgelesenen zu den noch nicht vorgelesenen Manuskriptblättern wandelt." (Emil Dovifat, Begründer der Publizistik)
Arbeiten Sie statt mit fertig ausformulierten Manuskripten lieber mit Stichwortkarten. Auf diese Weise wird nicht jede Formulierung gleich gelungen sein, aber Ihre Redeweise wirkt lebendig und verständlich. Lediglich Anfang und Schluss einer Rede sowie Zitate können auf Stichwortkarten wörtlich ausformuliert sein. Mit jeder Übung wird Ihnen dann das lebendige Formu-

lieren leichter und leichter fallen und Sie werden merken, wie die anfängliche Distanz zwischen den Zuhörern und Ihnen immer kleiner wird.

Humor und Schlagfertigkeit

Humor entspannt kritische Situationen und lässt hinter der Sache, um die es geht, den Menschen spürbar werden. Nahezu jede Rede verträgt Humor und wird dadurch lebendiger. Außerdem bietet das kurze Lachen dem Publikum einen Augenblick der Entspannung, bevor es wieder konzentriert der Ansprache folgen muss.

Eine positive Lebenseinstellung ist neben Schlagfertigkeit und Kontrastsinn Basis für eine humorvolle Sprache. Ein Mensch, der Humor hat, wird auch über sich selbst herzlich lachen und damit viele Sympathien wecken. Bei seinem Publikum wird ein humorvoller Redner besser ankommen, als ein tief ernster. Man wird sich bei Ihnen wohl fühlen.

Eine Rede mit Humor zu würzen heißt allerdings eines nicht, nämlich Witze zu erzählen! Überlassen Sie das der Stammtischrunde!

Schlagfertigkeit ist trainierbar. Der große Staatsmann Winston Churchill soll einmal von dem Dramatiker George Bernard Shaw zwei Karten für die Uraufführung eines seiner Stücke erhalten haben mit einer Notiz, in der stand: „Die eine ist für Sie, die andere für einen Freund – sofern Sie einen haben." Churchill war verhindert und bat Shaw um Karten für die nächste Vorstellung – „sofern es eine gibt". Wer so den Gegner mit den eigenen Waffen schlagen kann, ist an Schlagfertigkeit kaum zu überbieten.

Menschliche Wärme

„Der Vertand ist der Diener des Gefühls." Wir Menschen handeln oft nach unserem Gefühl, „aus dem Bauch heraus". Gefühle machen menschlich und wer menschlich wirkt, wirkt auch als Persönlichkeit. Wer Gefühle zeigen und ausleben kann, bereichert sein Leben. Eine solche Persönlichkeit wird auch als Redner überzeugen. Denn häufig ist es entscheidender, wie Sie etwas sagen, als was genau Sie sagen. Zeigen Sie daher je nach Redeanlass in angemessener Form Begeisterung, Ärger oder Hoffnung.

Zeigen Sie den Leuten, wie Sie emotional zu einer Sache stehen. Denn auch das will ein Zuhörer wissen und nicht nur die Fakten. Legen Sie – wo es hinpasst – Gefühl in Ihre Aussagen. Ein Liebesgedicht wird anders gesprochen als eine militärische Befehlsausgabe. Zur Übung können Sie verschiedene

Textarten, wie beispielsweise ein Liebesgedicht, die Antrittsrede des neuen Bürgermeisters oder einen Informationsvortrag mit einem Tonbandgerät aufnehmen. Hören Sie die Texte kritisch ab. Wird aufgrund der Stimmung ersichtlich, was Sie als Sprecherinnen oder Sprecher sagen wollten? Oder wirkt der ganze Text langweilig und monoton?

Nutzen stiften

In den westlichen Industriegesellschaften ist der Nützlichkeitsgedanke stark ausgebildet. Wir sind alle Egoisten – oder Individualisten, höflicher ausgedrückt. Wir bewegen uns nur, wenn es uns etwas nützt. Wir kaufen einen Gegenstand, wenn er uns Nutzen verspricht. Wir handeln, wenn es unsere Bedürfnisse befriedigt.

Diese Nutzenüberlegungen sollten in der Argumentation einer Rede nicht fehlen. Selbstverständlich ist zum Beispiel in einem Verkaufsgespräch – aber nicht nur da – der Nutzen des Partners gemeint. Welche Informationen gewinnt er aus meinen Aussagen? Wofür kann er die Informationen brauchen? Es muss sich für die Zuhörer lohnen Ihnen zuzuhören. Die Zeit soll für sie gut investierte Zeit sein. Und sei es auch nur deshalb, weil Sie ein guter Unterhalter sind. Bei allen Ausführungen sollte sich der Redner daher über die Interessenlage und Erwartungshaltung seiner Zuhörerinnen und Zuhörer im Klaren sein. Er muss sie kennen um sie mit seiner Rede zu treffen oder auch um die Erwartungen seines Publikums bewusst zu enttäuschen.

Zielbewusstes Reden

Denken Sie immer an Ihr Redeziel. Ihm wird alles andere untergeordnet. Verfolgen Sie es beharrlich, aber nicht stur. Das bedingt eine geschmeidige Anpassung und es fordert viel Flexibilität sowie Überblick. Ihr Ziel muss, damit es erreichbar ist, realistisch gesetzt sein. Soweit möglich, sollte es auch überprüfbar sein.

Wer sein Ziel aus den Augen verliert, braucht sich nicht zu wundern, wenn er es nicht mehr erreicht – selbst wenn er seine Anstrengungen verdoppelt! Aus dem Ziel ergibt sich die Handlungsaufforderung gegen Ende des Vortrages. Hier stellen Sie nochmals eindeutig und unmissverständlich fest, was das Resultat Ihrer Ansprache ist, was nun zu tun oder zu unterlassen sei. Sie möchten doch nicht zu jenen Rednern gehören, bei denen man selbst nach einer Stunde noch nicht weiß, worauf sie hinauswollen.

Angemessene Sprache

Nicht immer verstehen Sender und Empfänger dasselbe unter den gebrauchten Wörtern. Die gemeinsame Sprache ist manchmal schwierig zu finden. Doch nur in diesem Bereich des Gemeinsamen ist echtes Verstehen möglich. Gesagtes, das nicht in diesem Bereich liegt, geht am Zuhörer vorbei. Der Redner ist dafür verantwortlich, dass er für das Publikum die richtige Sprache wählt. Vor einer Bauernversammlung eine Rede zu halten verlangt eine andere Sprache als vor dem Verwaltungsratsgremium einer Handelsbank. Und vor dem örtlichen Frauenverein sprechen Sie ebenfalls anders als im Tennisklub. Vergewissern Sie sich daher, welche Sprachebene Sie wählen müssen und ob Sie ihrer überhaupt mächtig sind.

Wählen Sie Fach- und Fremdwörter sehr sorgfältig aus und setzen Sie diese nur dort ein, wo sie nötig und verständlich sind.

Die WIR-Form

Treten Sie nicht belehrend und moralisierend auf, das will heute niemand mehr hören, sondern schließen Sie sich in die Aussagen ein. Insbesondere wenn Sie unangenehme Wahrheiten zu verkünden haben, sollten Sie sich nicht ausschließen.

Sie erreichen damit, dass sich die Zuhörerinnen und Zuhörer als zusammengehörend empfinden und leichter mit dem Gesagten identifizieren. Man spricht auch vom WIR-Gefühl, das aufkommt, eine Art kollektiver Identität, einer Gemeinschaft. Besonders in Konfliktsituationen entschärft die WIR-Formulierung im Gegensatz zur dominanten und belehrend wirkenden ICH-Formulierung die Situation gewaltig. Durch die rhetorische Frage kann die Wirkung nochmals gesteigert werden. Die rhetorische Frage ist ja formal in einen Fragesatz gekleidet, erwartet aber keine spezielle Beantwortung. Die folgenden Beispiele verdeutlichen dies:

■ „Wir müssen den Gürtel enger schnallen."
■ „Wir produzieren zu viel Abfall."
■ „Wir essen wohl alle über die Festtage zu viel."

Statt der Formulierung: „Sie alle machen Fehler", bei der der Sprecher sich ausschließt, ist „Wir alle machen Fehler", bei der sich der Sprecher einschließt, vorzuziehen. Am besten wäre die Formulierung: „Machen wir nicht alle Fehler?" Der Sprecher ist in dieser rhetorischen Frage ebenfalls eingeschlossen.

Lebendige und anschauliche Sprache

Verwenden Sie eine lebendige, anschauliche Sprache, die mit Verben statt Substantiven auskommt. Aktive Formulierungen sind besser als passive Satzkonstruktionen. Abstrakte Gedankenmodelle müssen konkretisiert an Beispielen erläutert werden. Einzelheiten und Einzelschicksale bewegen und laden zur Identifikation ein. Solcherart ausgeschmückte Bilder gehen unter die Haut und bilden Meinungen. Lesen Sie eine Boulevardzeitung und Sie sehen, wie eine lebendige und anschauliche Sprache publikumswirksam umgesetzt wird.

Erzählen Sie – statt einfach Fakten aufzulisten. „Frierend harrten wir 5 Stunden im Dunkeln aus" ist besser als „Wir warteten". Auch „Im Gehege trottete ein mächtiger, alter Elefantenbulle ..." klingt spannender als „Dort ging ein Elefant ...". Die Schlagzeile „Ganz Luzern weint um die älteste Holzbrücke Europas" bringt mehr Beachtung als die emotionslose Formulierung „Eine Holzbrücke brannte ab".

Redefiguren – pfiffige Darstellungsmittel

Hervorragende Gestaltungsmittel jeder Ansprache sind die so genannten Redefiguren. Sie helfen den Inhalt anschaulich zu machen, da sie verdeutlichen und Spannung erzeugen. Früher wurden diese Formen vor allem aus ästhetischen Gründen kultiviert und bis zur Perfektion gebracht. Man verstand sie als Schmuckelemente einer Rede. Wer diese Redefiguren kennt und anwendet, kann auch heute noch seine Wirkung stark verbessern. Wir alle beherrschen solche Stilmittel – auch wenn uns das bisher gar nicht bewusst war und wir ihre Namen nicht gekannt haben. Achten Sie künftig einmal bei anderen Sprechern oder auch bei sich selbst auf den Gebrauch von Redefiguren. Wir verwenden diese Formen tatsächlich häufig in der Umgangssprache, wie die folgenden Beispiele zeigen. In Klammern steht immer der deutsche und oft auch der lateinische Namen der jeweiligen Redefigur.

„Unserem Fußballklub geht es wie mir, er ist sehr schnell mit dem Geld-zählen fertig."
(Andeutung, Anspielung)

„Da war doch mal ein Bauer, der meinte, seine Kuh fresse aus lauter Gewohnheit. Diese Gewohnheit wollte er ihr abgewöhnen. Er setzte sie daher jeden Tag auf eine kleinere Fressration – und gerade als er bei Null angelangt war, verstarb sie."
(Anekdote)

„Die Ersten werden die Letzten sein."
(Antithese, Paradoxon)

„Sie kennen meine Frau. Da wissen Sie selber, wie sie darüber denkt ..."
(Auslassung, Ellipse)

„Das sind ja Wucherzinsen!"
(Ausruf, Exclamatio)

„Lassen Sie mich das konkretisieren. Wenn ..."
(Beispiel)

„Herr Grendelmeier ist ein schlauer Fuchs."
(Bild, Metapher)

„In Tschernobyl hat sich ein Vorfall ereignet." Diese Formulierung schwächt ab, gegenüber „Katastrophe" oder „Unfall".
(Euphemismus, Schönrednerei, Verharmlosung)

„Es stimmt, dass dieses Gerät teurer ist. Aber ich empfehle es Ihnen, weil es die dreifache Lebensdauer eines der anderen Apparate hat."
(Gegensatz, Antithese)

„Geld, nein das würde ich nicht aufheben, wenn ich es auf der Straße finden würde."
(Ironie, Verdrehung)

„Probleme mit dem Rücken kommen oft vom schlechten Sitzen. Schlechtes Sitzen ist oft auf die falschen Sitzmöbel zurückzuführen. Die führen zu einer Deformierung der Rückenwirbel und eine kaputte Wirbelsäule verursacht dann Schmerzen."
(Kette)

„Die Bäume ächzten und barsten krachend im Sturm."
(Lautmalerei, Onomatopöie)

„Ich kam, sah und siegte!", sagte Julius Caesar.
(Raffung, Asyndeton)

„Wer kann sich das heute noch leisten?"
(Rhetorische Frage)

„Als Lehrer habe ich Ihnen das Buch nicht gegeben, damit Sie es unter das Kopfkissen legen. Ich habe es Ihnen gegeben, damit Sie es lesen und studieren."
(Richtigstellung)

„Beim Autofahren gilt: Wer langsam fährt, kommt schnell ans Ziel."
(Scheinwiderspruch, Paradoxon)

„Sie wissen nicht, wo das Krankenhaus Bürgerheim ist? Sie sind mir ein Taxifahrer."
(Spott, Sarkasmus)

„Der Krug geht so lange zum Brunnen, bis er bricht."
(Sprichwort)

„Unsere Pralinen sind nicht einfach aus irgendeiner Schokolade gemacht, nur die allerbesten Zutaten wurden dafür verwendet."
(Steigerung, Klimax)

„Ein feineres Essen werden Sie im Leben nicht mehr bekommen."
(Übertreibung, Hyperbel)

„Sehen Sie, das ist beim Staat genauso wie bei Privatleuten; man kann einfach nicht mehr Geld ausgeben als man im Portmonee hat."
(Vergleich)

„Loben Sie doch Ihren Computer auch einmal, wenn er gut gearbeitet hat!"
(Vermenschlichung, Anthropomorphismus, Personifizierung)

„Sie werden sich fragen, warum ich bisher dieses Thema noch nie angeschnitten habe. Ich will es Ihnen erzählen. Doch zuvor sage ich Ihnen, wie es dazu kam."
(Verzögerung)

„Meine Gegner behaupten immer wieder, dass so etwas in dieser Zeit nicht möglich wäre. Hat aber nicht gerade das Projekt Spidi gezeigt, dass man solch eine Aufgabe innerhalb von 3 Monaten durchziehen kann?"
(Vorwegnahme von Einwänden, Prokatalepse)

„Ich habe Hunger und werde wohl hungrig bleiben müssen, wenn Sie mir nicht bald etwas gegen das nagende Hungergefühl servieren."
(Wiederholung, Repetition)

„Lieber Konsens statt Nonsens!"
(Wortspiel)

„Dumme Gedanken hat jeder, aber der Weise verschweigt sie."
(Wilhelm Busch, deutscher Zeichner und Dichter; Zitat)

„Tja, Südengland. Während meiner Ferien habe ich doch hier immer ..."
(Abschweifung/Exkurs)

Körpersprache

Nachdem wir uns bislang weitgehend auf die sprachlichen Aspekte der Kommunikation konzentriert haben, ist das folgende Kapitel einem anderen – aber nicht weniger wichtigen – Gebiet gewidmet, der Sprache unseres Körpers.

Eine Rednerin oder ein Redner wirkt neben der gesprochenen Sprache (verbal) durch die Körpersprache (nonverbal). Die Körpersprache umfasst Blickkontakt, Mimik, Gestik, Haltung, Habitus und Kleidung. Es ist immer der ganze Mensch am Kommunikationsprozess beteiligt. Neben der Sprache vermittelt der Körper eine Vielzahl von Signalen durch Kleider, Habitus, Haltung, Gestik, Mimik oder Blickkontakt.

Die Körpersprache, bedeutend älter als die gesprochene Sprache und die älteste Ausdrucksform der Menschheit, ist uns heute fast zu einer Fremdsprache geworden, deren Signale wir nicht mehr verstehen.

Dennoch sprechen wir permanent mit dem Körper und sind dabei sehr wirkungsvoll. Wissenschaftler der Kinesik (Körpersprache) sind der Ansicht, dass in einem Gespräch rund die Hälfte oder noch mehr der Informationen über Körpersignale aufgenommen werden. Denken Sie nur an ein Pantomimenstück, einen Stummfilm oder an Ihre erste große Liebe. Wären Wörter damals nicht störend gewesen? Für uns ergibt sich daraus die Erkenntnis, dass ein Redner nicht nur Zuhörer hat, sondern in hohem Maß auch Zuschauer. Sowohl die nichtsprachliche wie auch die sprachliche Kommunikation verläuft auf vier Ebenen.

Es gibt also genügend Gründe sich intensiver mit der nonverbalen Sprache zu befassen, mit ihren Bestandteilen und damit, wie wir sie erkennen, verbessern und durch sie wirken können. Dabei scheint es weniger wichtig zu sein genaue Klassierungen vorzunehmen und Einzelmerkmale zu analysieren, sondern eher den Gesamteindruck wirken zu lassen, der mehr als die Summe der Einzelfaktoren ist. Wer schon in Länder mit einer anderen kulturellen Tradition gereist ist, weiß, dass bestimmte Gesten in diesen Kulturen andere Bedeutungen haben als bei uns. So gilt es im Osten als außerordentlich unhöflich mit dem Finger auf eine andere Person zu zeigen. Auch zum

Heranwinken eines Kellners im Restaurant wird in diesen Regionen besser nicht ein oder mehrere Finger genommen, sondern die ganze Hand. An anderen Orten, beispielsweise in Honduras oder den Philippinen, gibt man einen gut hörbaren Zischlaut von sich, wenn man die Bedienung in einer Gaststätte wünscht. In Brasilien macht man mit dem Hochziehen der Augenbrauen oder einem Zupfen am Ärmel des Kellners auf sich aufmerksam. Die Zeichensprache ist weltweit nicht eindeutig. Wir schütteln den Kopf, wenn wir etwas verneinen – in Indien wird damit bejaht. Die Zahl Zwei würden wir durch Aufklappen von Daumen und Zeigefinger der einen Hand darstellen. Die Japaner drücken sich durch Herunterklappen der Finger aus – beginnend beim kleinen Finger. Somit wird die Zahl Zwei in Japan durch den heruntergeklappten kleinen Finger und den Ringfinger ausgedrückt, Mittelfinger, Zeigefinger und Daumen bleiben aufgerichtet.

Körpersprachliches hat auch in die Wortsprache Eingang gefunden. „Einen dicken Hals bekommen" oder „rot werden" sind Beispiele dafür. Dass zwischen „Hand" und „handeln" ein Zusammenhang besteht, „liegt auf der Hand". Auch bei „begreifen" muss man kaum lange studieren und einen „Standpunkt verlassen" kann sehr klar auch körpersprachlich gesehen werden. Das Englische hat mit „somebody" und „nobody" zwei schöne körpersprachliche Begriffe (some = irgendein, no = (hier) kein; body = Körper).

Wir strahlen mit unserem Körper dauernd – bewusst und unbewusst – Signale aus. Darauf erhalten wir Antworten, Reaktionen auf Fragen, von denen wir vielleicht nicht wussten, dass wir sie überhaupt gestellt haben. Denn unsere Mitmenschen reagieren auf uns –, so wie wir auf sie wirken und wie sie uns – wiederum bewusst oder unbewusst – verstehen.

Situationslosgelöste, ständig wiederkehrende Gesten bezeichnet man als Marotten. Sie werden unbewusst ausgeführt und werden vom Handelnden selbst nicht mehr wahrgenommen. Dieses permanente Zurechtrücken der Brille, das Reiben der Nase oder des Ohrs, das Räuspern oder das Lecken der Lippen kann dem Zuschauer mit der Zeit ganz gehörig auf die Nerven gehen. Solche Marotten irritieren und lenken ab. Daher sollte man sie sich abgewöhnen – gegebenenfalls mit Unterstützung durch einen Dritten, der immer wieder darauf hinweist.

Gegenstände, die zum Spielen verleiten, sind möglichst aus dem Griffbereich des Redners zu verbannen. Damit wird beispielsweise das ewige Drücken des Kugelschreibers unmöglich gemacht.

Durch Videokontrolle können Sie sich selbst solche körpersprachlichen Marotten abgewöhnen.

Gestik – Ausdruck der Persönlichkeit

Zur Gestik werden alle Bewegungen der Arme und Hände gezählt. Mit Gesten betonen, unterstreichen, erläutern und zeigen Sie, was Sie mit Wörtern allein nicht ausdrücken könnten. Sie unterstreichen und verdeutlichen das Gesagte oder weisen auf Bedeutungsvolles hin. Gesten sollen aus Ihrem Wesen, Ihrem Temperament herauskommen. Nur „was Sie sind" wirkt glaubwürdig und überzeugend. Bewegungen, denen man das letzte Verkaufsseminar anmerkt, wirken künstlich und aufgesetzt. Notieren Sie sich im Skript keine Regieanweisungen für Gesten. Sie würden schauspielerhaft erscheinen und Ihre Gesten würden meist zu spät kommen. Das erinnert dann an einen schlecht synchronisierten Film, in dem Sprache, Mundbewegungen und Gestik nicht übereinstimmen. Eine Geste muss nämlich unmittelbar vor der zentralen Aussage beginnen. Meist ist sie auch beendet, bevor die ganze mündliche Aussage abgeschossen ist. Beispiele:

Geste/nonverbal	Wort
Mit dem Finger Richtung Tür zeigen.	Brüllendes: „Hinaus!"
Auf den Tisch schlagen	„Gottfried Stutz, jetzt reicht's mir aber!"
Die Hand über die Augen legen.	„Sehe ich recht?"
Winken mit der Hand.	„Komm doch mal her."

Vereinzelte Gesten haben, abhängig vom Kulturkreis, eine bestimmte, stillschweigend vereinbarte Bedeutung. Sie dürfen nur für diese Bedeutung verwendet werden. So wird im deutschen Kulturraum mit dem Aneinanderreiben von Zeigefinger und Daumen „Geld" ausgedrückt. Der nach oben oder unten gerichtete Daumen zeigt Erfolg beziehungsweise Niederlage an. Zahlreiche Gesten könnte man als Gesten der „Unsicherheit" oder „Verlegenheit" bezeichnen. Die Hand vor dem Mund, unkontrolliertes Spielen mit dem Schreibzeug, mangelnder Blickkontakt, unruhiges Hin- und Herrutschen auf dem Stuhl oder das Verschränken der Arme können solche Signale sein. Vorsicht bei der Interpretation: Gefährlich ist die Interpretation einer Einzelgeste. Diese muss immer im Zusammenhang gedeutet werden. Zu vermeiden sind beständig von der Sprecherin oder dem Sprecher gleich ausgeführte Gesten. Solche Marotten wirken rasch störend. Wir kennen Sie alle: Haarsträhnen ordnen, Brille nach oben schieben, zur Nase greifen, sich den Bart streichen, spielen mit Kugelschreiber oder Zeigestab sind solche Marotten. In der Bewegung sollte man weniger Gesten machen als beim ruhigen Stand.

Als offene Gesten werden solche bezeichnet, die eben auch Offenheit ausstrahlen. So signalisieren die nach oben gerichteten, offenen Handflächen vor allem: etwas anbieten, keine Waffe in der Hand haben, nichts verstecken, etwas geben, darlegen oder empfangen, Freundschaft und anheben. Ähnliches, aber noch in der Bedeutung gesteigert, gilt für die geöffneten Arme.

Als geschlossene Gesten bezeichnet man alle, die auf Verschlossenheit deuten. Das kann, im Gegensatz zur offenen Geste, die nach unten gerichtete Handfläche ausdrücken: jemanden bezwingen, unterdrücken, im Griff haben, aber auch behüten, beschützen, bewahren und zusammenhalten. Typische geschlossene Gesten sind auch das Verschränken der Arme vor dem Körper oder das Falten der Hände. Solche Gesten schirmen ab, der Sprecher konzentriert sich auf sich selbst.

Generell gilt für die Gestik dasselbe wie für den Humor: Lieber zu wenig als zu viele Gesten.

Ort der Geste Im Bereich des Oberkörpers, das heißt zwischen dem Gürtel und den Schultern, wirken Gesten am natürlichsten. Der Griff mit den Händen nach den Wolken (auf oder gar über Kopfhöhe) wirkt pastoral oder gar pathetisch, vor allem wenn er mit beiden Händen ausgeführt wird. Unterhalb der Gürtellinie Gesten auszuführen, sollte man vermeiden, da Gestikulieren in diesem Bereich oft als negativ, abwertend oder gar obszön gedeutet wird. Gesten mit einer Hand sind in der Regel solchen mit beiden Händen (Doppelgesten) vorzuziehen.

Tempo Gesten können langsam oder schnell ausgeführt werden, je nach Situation. Besonders bei Medienübertragungen oder in einem großen Saal müssen die Bewegungen langsam und bedächtig sein. Wie es Sprechpausen gibt, gibt es auch Gestenpausen. Und vergessen Sie nicht: Die Ausdehnung der Gesten (sehr eng am Rumpf oder weiter davon entfernt) muss dem Referenten, dem Thema und dem Publikum angemessen sein. Übermäßig große Gesten könnten als Ersatz für einen nicht erbrachten Redegehalt verstanden werden. In großen Sälen, das heißt, wenn Sie relativ weit vom Zuschauer entfernt sind, können die Armbewegungen ruhig ausladend und weit sein.

Wiederholung Wird sinnvoll abgewechselt? Oder wiederholen sich einzelne Gesten so häufig, dass sie die Teilnehmer reizen „Strichlisten" zu führen? Auch darauf muss man bei der Gestik achten. Gesten sollten auch eventuellen Veränderungen der Stimmung angepasst werden (Unruhe, Müdigkeit, Höhepunkt, Schwierigkeitsgrad).

Beispiele von Gesten, deren Bedeutung festliegt

Geste	Bedeutung
Daumen und Zeigefinger bilden einen Kreis	Geld; „gut" beziehungsweise in Nordamerika: „Okay"; in Nordfrankreich: „très bien"; in Südfrankreich: „Du bist eine Null", in Griechenland und Türkei: „sexuelle Aufforderung" und in Italien oder spanischsprachigen Ländern „eine starke Beleidigung mit analer Bedeutung"
Daumen drücken	Glück wünschen
sich an die Stirn tippen	Idiot

Gewisse Gesten, wie der erhobene Zeigefinger, sind nur wenigen Referenten in bestimmten Situationen erlaubt. Denn so etwas wirkt rasch schulmeisterlich – als Ermahnung, Warnung oder gar als Drohung.

Mimik und Blickkontakt

Was für die Gesten gilt, trifft auch auf die Mimik zu. Unter Mimik versteht man die Ausdrucksbewegungen der Gesichtsmuskulatur. Diese sind insbesondere Blickkontakt, Augen, Augenbrauen sowie der Mund und das gesamte Mienenspiel, weiterhin die Blickrichtung, die unterschiedlichen Neigungswinkel des Kopfes oder die Veränderung der Hautfarbe. Teilweise können die Muskeln willentlich gesteuert werden. Vieles – insbesondere der Augenausdruck – geschieht aber unwillkürlich. Und gerade diese Wirkungsmittel müssen spontan kommen und dürfen nicht einstudiert wirken. Bestimmt können Sie zahlreiche Stimmungen mit Ihrem Gesicht ausdrücken oder an fremden Gesichtern erkennen. Erstaunen beziehungsweise der Wunsch nach mehr Informationen ist an den gehobenen Augenbrauen erkennbar, während die zusammengezogenen Brauen Aufmerksamkeit und Konzentration signalisieren. Die gerümpfte Nase zeugt von Missfallen und Abwehr. Senkrechte Stirnfalten deuten auf Konzentration, waagerechte auf Aufmerksamkeit. Hängende Mundwinkel passen in unserem Kulturkreis genauso wenig zu einem fröhlichen Menschen, wie ein Kopfschütteln niemals ein Ja ausdrückt. Könnten Sie mit zusammengebissenen Zähnen „ich liebe dich!" ausdrücken? Nein, unmöglich, damit verbindet man immer den Eindruck von „Aggression".

Die Mimik ist sehr stark von Ihrer Gefühlslage abhängig oder von dem, was Sie gerade tun. Können Sie konzentriert nachdenken mit schlaff nach unten hängendem Unterkiefer? Nein, das geht nicht. Wer sich also mit schlaff nach unten hängendem Unterkiefer präsentiert, denkt wohl kaum nach.

Wir nehmen dauernd die Körpersignale von unseren Gesprächspartnern auf, auch die kleinsten und feinsten. Gefühlsmäßig und überwiegend unbewusst deuten wir sie – zumeist auch richtig. Warum versuchen wir also nicht ganz bewusst durch unsere Mimik ein positives Umfeld zu schaffen? Ein Lächeln, ein leicht seitlich geneigter Kopf genügen oft schon um eine Situation zu entspannen und Vertrauen zu schaffen. Anstatt uns über die „böse" Umwelt zu beklagen, sollten wir daran denken, dass wir Teil der Umwelt der anderen sind. Unser eigenes griesgrämiges, verbittertes Gesicht begünstigt weitere griesgrämige, verbitterte Gesichter. Mit unserem Lächeln stecken wir auch die andern an. Ganz gleich, ob Sie zu einem einzigen Menschen sprechen oder zu einer großen Gruppe – halten Sie Blickkontakt. Das verschafft Ihnen

Sympathie und Vertrauen, zeigt zugleich Ihr Interesse und strahlt – zusammen mit einem Lächeln – Freundlichkeit und Sicherheit aus. In einem größeren Plenum können Sie nicht direkt zu jeder einzelnen Person Blickkontakt halten, sondern sehen die Leute gruppenweise an. Halten Sie dabei für eine gewisse Zeit den Augenkontakt, bevor Sie eine weitere Gruppe ansehen. Suchen Sie vor allem am Anfang bei bekannten und freundlichen Gesichtern Halt. Berücksichtigen Sie alle Gruppen – insbesondere auch Personen, die ganz links oder rechts von Ihnen sitzen und zu denen Sie den Kopf wenden müssen. Personen „im toten Winkel" werden nämlich gerne vergessen. Vermeiden Sie „Hierarchiefixierung", indem Sie zum Beispiel immer den Chef anstarren.

Unsicher oder desinteressiert erscheint, wer permanent ins Leere, zum Fenster, zur Decke oder auf den Boden respektive das Manuskript starrt. Fehlender oder mangelnder Blickkontakt kann Ihnen auch als Arroganz, Antipathie, Peinlichkeits-, Schuld- oder Unterlegenheitsgefühl ausgelegt werden. Der abgewendete Blick erschwert Ihnen auf jeden Fall den Kontakt zu Ihrem Gesprächspartner oder Publikum.

Kleider machen Leute

Wenn Sie eine Ferienreise unternehmen, werden Sie überlegen, ob eher der Winterpullover oder die leichte Bluse angebracht ist und ob eine Jacke für kühle Abende nötig ist. Wohl viele westliche Touristen wissen in der Zwischenzeit auch, dass die Urlaubskleidung nach dem Motto „luftig und lässig", die aus Shorts, T-Shirt, Turnschuhen und Sonnentop besteht, nicht überall ankommt. Damit ist man vielerorts nicht nur unangemessen gekleidet, sondern macht sich außerordentlich unbeliebt. Im gepflegten Restaurant, in dem die übrigen Gäste mit Anzug und Krawatte erscheinen, stört man sich am Anblick des informell bis nachlässig angezogenen Touristen. In den ärmeren Regionen Indiens werden zum Beispiel die Flickjeans als Bestätigung des Bildes vom dekadenten Mitteleuropäer verstanden, das die Hippie-Bewegung der 60er-Jahre geprägt hat. Insbesondere in Regionen, die einem anderen Glauben anhängen, wird einem bewusst, dass die Kleidung neben den klimatischen Faktoren auch durch kulturbedingte Vorstellungen geprägt wird. Kein Moslem dieser Welt käme auf die Idee, mit Schuhen in die Moschee einzutreten. Sie waren mit dem Schmutz der Straße in Kontakt gekommen und gelten daher als unrein. Wie sieht es am Strand aus? Hat sich bei uns bereits vielerorts – teilweise nur in bestimmten Zonen des Strandes – „textilfrei" oder „oben ohne" durchgesetzt, gehen einheimische Frauen in Indien und Sri Lanka in ihren Saris baden.

„Kleider machen Leute", das wissen wir nicht erst seit Gottfried Keller. Doch wie ist diese Erkenntnis für den Redner praktisch umsetzbar? Wie soll man sich kleiden? Als Hinweise mögen gelten:

■ Sauber und gepflegt.

■ Eher zurückhaltend als extravagant (für das Fernsehen gelten spezielle Regeln).

■ Dem Anlass, Thema und Ihrer Stellung entsprechend (Krawatte beim Popkonzert beziehungsweise das T-Shirt beim Neujahrsempfang des Bundespräsidenten?).

■ Kopfhaare, Bart und Schuhe sollten selbstverständlich ebenfalls gepflegt sein.

■ Allzu steif ist vorbei. Auch der dunkle Nadelstreifenanzug ist nicht so häufig nötig, wie oft geglaubt wird. Insbesondere nicht für Fernsehauftritte.

Zum Stichwort Kleider gehört auch die Frage nach Frisur, Schmuckstücken und Make-up. Es gelten grundsätzlich analoge Regeln wie bei der Frage nach den Kleidern.

Dezent und maßvoll ist auch mit Düften umzugehen – die ja quasi auch ein Kleid darstellen. Erschlagende penetrante Duftwolken wirken aufdringlich und schrecken ab.

Im weiteren Sinne strahlen wir – beispielsweise in einem Büro – mit der Einrichtung Signale aus. Die Höhe der Stuhllehne, die Armlehne am Stuhl, die Bilder oder die Höhe des Teppichflors geben dem Betrachter Informationen über Sie.

Lampenfieber

Es gibt wohl kaum Referenten, die nie Lampenfieber spürten. Selbst hervorragende Rednerinnen und Redner bekennen immer wieder dieses oftmals beklemmende Gefühl zu kennen – nur haben sie gelernt damit umzugehen und es zu überwinden. Was aber ist Lampenfieber und woher kommt es?

Was ist Lampenfieber?

Lampenfieber ist die Angst vor Menschen zu sprechen. Wissenschaftliche Untersuchungsergebnisse legen nahe zu vermuten, dass dies sogar eine der größten Ängste der Menschen ist. Lampenfieber verändert den Kreislauf und die Stoffwechselvorgänge und kann somit zu starken körperlichen und psychischen Symptomen führen. Herzklopfen, roter Kopf, Schweißausbrüche, zugeschnürte Kehle, Muskelverspannungen, trockener Mund, flatternde oder versagende Stimme können die Folge sein. Die wohl schlimmste Art des Lampenfiebers ist die totale Gedächtnisblockade (Black-out).

„Das Podium ist eine unbarmherzige Sache, da steht der Mensch nackter als im Sonnenbad." So beschrieb Kurt Tucholsky das Lampenfieber. Mark Twain meinte: „Das menschliche Gehirn ist eine großartige Sache. Es funktioniert vom Augenblick der Geburt bis zu dem Zeitpunkt, wo du aufstehst um eine Rede zu halten."

Lampenfieber hindert uns in der Selbstentfaltung und führt gerade erst zu den schlechten Resultaten, vor denen der Redner Angst – und deshalb Lampenfieber – hat. Das Auftreten kann zur Qual, das Überzeugen unmöglich werden. Je mehr negative Erfahrungen in Redesituationen gemacht wurden, desto stärker kann sich Lampenfieber in künftigen Situationen auswirken.

Trotzdem ist ein gewisses Maß an Lampenfieber normal und wird von sehr vielen Leuten verspürt. Diese natürlich Alarmfunktion des Körpers kann überwunden werden und belegt, dass Sie die Situation ernst nehmen und ihr nicht gleichgültig gegenüberstehen. Hemmungen heißen ja auch, dass Sie sich im Zaum halten können. Oder möchten Sie völlig enthemmt sein? Doch wovor fürchten wir uns? Wir fürchten uns vor dem Versagen den eigenen oder fremden Ansprüchen nicht genügen zu können oder schlecht zu sein. Das heißt, wir befürchten konkret: angegriffen zu werden; beim Publikum auf Ablehnung zu stoßen; keinen Ton herauszubringen; unbekannten oder unangenehmen Personen gegenübertreten zu müssen; uns unpassend oder falsch auszudrücken; uns zu blamieren; mangelhaftes Fachwissen zu haben; die Folgen von Aussagen (wie anlässlich einer Stellenbewerbung oder in einer Gerichtsverhandlung) nicht abschätzen zu können; dasselbe zu erleben, wie schon einmal (in der Schulzeit oder bei früher gehaltenen Reden); den richtigen Ton und den treffenden Ausdruck in der Redesituation nicht zu finden.

Lampenfieber ist somit nicht etwas, das zeigt, dass wir „nicht normal" sind? Im Gegenteil, Lampenfieber ist absolut normal. Viele Menschen kennen es, sogar bekannte TV-Sprecher. Warum denn gleich in Panik geraten, wenn man sich selbst spürt? Einer meiner Seminarteilnehmer, ein engagierter Hobbytaucher, hat mir einmal Folgendes gesagt: Sobald er bei einem Tauchgang diese Klammer im Brustkasten zu Beginn nicht mehr spüren würde, würde er mit Tauchen aufhören. Warum? Braucht er dieses etwas beklemmende Gefühl zu Beginn? Ja. Es zeigt ihm, dass er die Gefahren, die zweifelsohne beim Tauchen bestehen, noch ernst nimmt, dass er weder arrogant noch übermütig wird und die Situation damit immer real einzuschätzen weiß. Wenn dies nicht mehr der Fall wäre, würde er leichtsinnig und sich damit unter Umständen in große Gefahr bringen. Ist es für einen Sprecher nicht ähnlich? Kann ein gewisses Lampenfieber nicht motivierend und damit leistungssteigernd wirken? Verhilft es nicht zu besserer Vorbereitung und Konzentration? Lampenfieber sollte daher nur bekämpft werden, wenn es hemmend und lähmend wirkt – ansonsten ist es absolut normal und kann sogar hilfreich sein.

Wie vermindert man jedoch übermäßiges Lampenfieber?

Thema kennen. Vorbereitet sein Je sicherer Sie Ihr Thema kennen, desto mehr Halt haben Sie. Optimale Vorbereitung stärkt Sie.

Publikum kennen oder bestmöglich einschätzen Dadurch werden Sie nicht überrascht, sondern sind vorbereitet. Niveau und Inhalt Ihrer Aussagen treffen die Erwartungshaltung des Publikums.

Training Übung und Routine machen Sie gelassener. Nutzen Sie daher jede sich bietende Übungsgelegenheit.

Ziel vor Augen Ihr Ziel weist den roten Faden und bewahrt Sie vor dem vielleicht plötzlich auftauchenden Gefühl alles auf einmal sagen zu müssen.

Einstieg und Schluss beherrschen Dies verleiht Ihnen Sicherheit für den Beginn (hier ist Halt vor allem nötig) und für den Abschluss.

Richtige Hilfsmittel Bereitgestellte und funktionierende technische Hilfsmittel geben eine optimale Unterstützung.

Passende Kleidung Ihre Kleider sind dem Anlass und dem Publikum angemessen und sitzen. In der Jacke sind auch Ihre Stichwortkarten.

Ruhiger Beginn Gehen Sie ruhig und gefasst zum Redeort und installieren Sie sich bewusst, bevor Sie beginnen.

Ein Black-out – was nun?

Aus dem, was wir bisher zum Thema „Lampenfieber" sagten, geht hervor, dass auch ein guter Redner nie ganz davor gefeit ist stecken zu bleiben. Nicht immer muss dabei das Lampenfieber die Ursache sein. Wer schlicht und einfach zu wenig weiß, wer sich nicht konzentrieren kann, übermüdet ist oder beispielsweise durch Zwischenrufe irritiert wird, bringt auch ohne Lampenfieber keine guten Vortragsresultate.

Auch ein geübter und gut vorbereiteter Redner kann in der Rede stecken bleiben. Das ist aber weiter nicht schlimm, denn nicht jede Pause wird von der Zuhörerschaft auch als peinliche Pause wahrgenommen. Das Publikum weiß ja nicht, was der Redner ausführen wollte. Zudem sind die Hörer in der

Regel kleinen Pausen gegenüber tolerant, weil der Referent so menschlicher wirkt. In der Regel werden erst Pausen ab rund 7 Sekunden als übermäßig lang empfunden. Zählen Sie diese Zeit einmal ab: 21, 22, 23, 24, 25, 26, 27. Das ist ziemlich lang und gibt dem Redner durchaus die Gelegenheit aus der Black-out-Situation herauszufinden, ohne dass das Publikum sie bemerkt. Spielen Sie aber kritische Situationen wie „Faden verloren" oder „Vorredner hat Ihre Thesen gebracht" immer wieder durch. Überlegen Sie, wie Sie in solchen Situationen reagieren könnten.

Was kann ich in der Black-out-Situation machen? Probieren Sie einen der folgenden Ratschläge aus:

■ Black-out zugeben (Ein Spruch wie: „Uff, jetzt ist der rote Faden weg!" oder „Funkverbindung abgerissen" kann diese peinliche Situation entkrampfen. Entschuldigen Sie sich hingegen nicht dafür und bringen Sie auch keine Begründungen, warum dem so ist (z.B. geringe Vorbereitungszeit).

■ Wiederholen mit anderen Wörtern („Das heißt konkret, wir haben ...").

■ Einen Abschnitt überspringen und mit dem nächsten Gedanken beginnen (entspricht der nächsten Stichwortkarte), gegebenenfalls mit einer Überleitung wie „Nun zum nächsten Punkt". (Soweit nötig, später auf den betreffenden Punkt zurückkommen mit einer passenden Formulierung: „Sie werden sich fragen, warum ich ... nicht erwähnt habe. Nun, ...").

■ Vorher Gesagtes präzisieren anhand eines Beispiels.

■ Zusammenfassung („Halten wir Folgendes fest: 1) ... 2) ... 3) ..."), evtl. Demonstration anhand von Hilfsmitteln wie Tageslichtprojektor oder Flipchart.

■ Entwicklung aufzeigen („Wie kam es überhaupt dazu? Ich erzähle Ihnen die spannendsten Schritte ...").

Sätze, die Sie nicht beenden können, brechen Sie einfach ab. Beginnen Sie anschließend neu. Bemühen Sie sich um Formulierungen, aber nicht endlos. Im Zweifel ist nur noch der Gedankengang abzuschließen und anhand der Stichwortkarte der nächste Gedanke aufzunehmen und auf diese Weise fortzufahren.

Bedenken Sie, was wir in den vorangegangenen Kapiteln sagten: Sicherheit strahlt aus, wer aufrecht und ohne sich anzulehnen fest auf beiden Beinen steht, wer so laut spricht, dass er überall mühelos verstanden wird und wer eine angemessene Mimik und Gestik einsetzen kann.

Praktische Tipps zur Vorbereitung

Jeder, der davon träumt überzeugend reden zu können und die Zuhörerinnen und Zuhörer durch seine Redekunst mitzureißen, sollte daran denken, dass jede Rede einer sorgfältigen Vorbereitung bedarf. Als ungeübte Rednerin oder untrainierter Redner sollten Sie sich davor hüten eine längere Stegreifrede halten zu wollen – auch wenn die Umstände noch so günstig erscheinen mögen. Denn hinter einer informativen, durchdachten Rede stehen viele Gedanken und Arbeitsgänge – und nur selten allein spontane Einfälle. Als Grundregel gilt hier: Äußern Sie sich nur zu Themen, zu denen Sie wirklich etwas zu sagen haben. Das bedingt vielleicht, dass Sie lernen müssen in manchen Situationen nicht zu reden. Aber auch für rhetorisch geübte Sprecherinnen und Sprecher gilt die gründliche Vorbereitung. Eine Steigerung der Redekunst kann auch für sie durch eine inhaltliche und taktische Vorbereitung erreicht werden. Eine gute Vorbereitung ist zudem die beste Medizin gegen Lampenfieber.

Gut vorbereitet ist halb gesprochen

Die Art der Vorbereitung hängt weitgehend von der Person und der Arbeitstechnik des Redners ab. Patentrezepte lassen sich daher kaum geben. Die folgenden Ausführungen sollen Ihnen aber Anhaltspunkte geben, die Ihnen ermöglichen Ihre eigene Vorgehensweise zu organisieren.

Auch der Zeitbedarf für die Vorbereitung ist verschieden und abhängig von den jeweiligen Umständen: Kenntnis des Stoffes, Umfang der Rede, Zusammensetzung des Publikums usw.

Vielleicht denken Sie, dass man für eine kurze Rede weniger Vorbereitungszeit braucht als für eine längere. Das stimmt aber nicht immer. Man denke etwa an eine politische Debatte. Der Redner hat vielleicht nur wenige Minuten Zeit um seinen Antrag zu begründen. Diese Begründung entscheidet, ob er mit seinem Anliegen durchkommt. Je nach Wichtigkeit wird seine Begrün-

dung in lokalen oder nationalen Zeitungen sowie über Radio- und Fernseh-
stationen weiterverbreitet.

Wird er nicht sehr viel mehr Zeit in diesen kurzen Redebeitrag investieren als
in eine zwar bedeutend längere, aber eher unwichtige Rede? Manchmal ver-
hält sich die Vorbereitungszeit nicht proportional zur verfügbaren Redezeit,
sondern gerade umgekehrt.

Vorbereiten müssen Sie sich auf insgesamt fünf Punkte. Stellen Sie sich dazu
die nötigen Fragen:

1. Thema und Publikum	Über welches Thema will ich ganz genau sprechen? Welche Personen sind meine Zuhörerinnen und Zuhörer? Was wissen sie über das Thema beziehungsweise über mich? Was versprechen sie sich von meinem Vortrag?
2. Redeziel	Welches Ziel setze ich mir? Was erwartet der Veranstalter? Was will ich erreichen? Was gilt es zu vermeiden?
3. Inhalt	Was ist zu sagen? Welche Fakten soll ich ansprechen? Wie trage ich den Inhalt zusammen?
4. Form und Taktik	In welcher Form muss ich es sagen? Womit beginne ich, was kommt als Nächstes, welche Argumente will ich bis zum Schluss aufheben?
5. Organisatorisches	Wie reise ich an? Was wurde speziell im Vorfeld vereinbart? Wann spreche ich? Wie sieht es mit den Spesen, dem Honorar aus? Stehen technische Hilfsmittel zur Verfügung und um welche handelt es sich dabei?

Thema und Publikum

Als Erstes müssen Sie sich genau mit dem eigentlichen Gegenstand Ihrer
Ausführungen befassen. Um dies zu bewerkstelligen, müssen Sie die genaue

Bezeichnung des Themas kennen. Was gehört dazu, was nicht? Kann ich selber Schwerpunkte setzen? Muss ich mich eventuell mit Vorrednern oder nachfolgenden Referenten über meine und ihre Themen absprechen?

Wie oft haben Sie sich schon bei Vorträgen gelangweilt, weil der Redner mit einer unglaublichen Präzision – sie wäre einer besseren Sache wert gewesen – am Thema vorbeiredete?

Eine Rede, welche ja oft keine direkte Reaktion des Publikums zur Folge hat, kann den Vortragenden leicht zu Weitschweifigkeiten und Ungenauigkeiten verführen. Um dieser Gefahr nicht zu erliegen, ist eine klare Definition des Themas unumgänglich. Das Thema ist präzis zu fassen. Ein unklarer Titel ist genauer zu formulieren, bis Sie, Veranstalter und Zuhörerschaft Klarheit darüber haben, worum es bei dem Vortrag gehen wird.

Wer ist nun mein Publikum? Eine Rede, welche die Erwartungshaltung des Publikums nicht berücksichtigt, ist eine verlorene Rede. Erwartungen haben aber auch Veranstalter, Finanzgeber oder andere Personenkreise. Diese Erwartungen müssen Ihnen ebenfalls bekannt sein. Machen Sie sich ein möglichst genaues Bild von Ihren Zuhörern, damit Sie das Kommende abschätzen können.

Es ist für die Rednerin oder den Redner nicht nur wichtig zu wissen, vor wie vielen Personen man spricht, man sollte nach Möglichkeit auch darüber Bescheid wissen, um was für ein Publikum es sich handelt (Männer/Frauen, Herkunft, Altersstruktur). Vor ganz Jungen werden Sie anders sprechen als vor älteren Menschen. Auch Ihr Äußeres können Sie darauf abstimmen.

Von Bedeutung ist es darüber hinaus, dass Sie auch das Vorwissen Ihrer Zuhörerinnen und Zuhörer abschätzen können. Was wissen sie bereits über das Thema – was muss noch gesagt werden? Welche Vorurteile bringen sie mit? Hat das Publikum Lieblingswörter oder Reizwörter? Auf diesem Wissen können Sie Ihre Argumentation gezielt aufbauen.

Weiterhin ist es wichtig zu wissen, wie Sie mutmaßlich von den Zuhörern eingeschätzt werden. Was wissen diese Personen über Sie? Haben Sie einen leichten Stand oder müssen Sie mit Widerständen rechnen?

Wenn Ihre Hörer freiwillig anwesend sind, vielleicht die Freizeit opfern, sind die Ansprüche bestimmt anderer Art als bei Personen, die Ihren Vortrag als Pflichtübung absolvieren müssen.

Informationen über vorhandene Hilfsmittel wie etwa ein Tageslichtprojektor runden das Bild der künftigen Redesituation ab. Auch muss frühzeitig entschieden werden, ob den Zuhörern Unterlagen zur Verfügung gestellt werden müssen oder nicht.

Redeziel

Wie ein Schütze sollen auch Sie Ihr Ziel immer vor Augen haben. Hier hinein müssen Sie treffen. Könnten Sie aber ins Schwarze treffen, ohne das Ziel zu kennen? Notieren Sie sich dieses Ziel groß auf der ersten Stichwortkarte oder auf der ersten Manuskriptseite. Es wird Ihnen damit dauernd im wahrsten Sinne des Wortes vor Augen geführt. Auch hier hilft es, wenn Sie sich selbst Fragen zu Ihrem Thema stellen. Diese Fragen könnten beispielsweise folgendermaßen lauten:

■ Was will ich erreichen?

■ Wie müssen die Hörer am Schluss meiner Rede reagieren, wenn sie erfolgreich war?

■ Will ich das Publikum zum Handeln auffordern oder informieren?

Wie ein Lehrer, der sich bei der Planung einer Unterrichtsstunde überlegt, was seine Schüler lernen sollen, nicht, was er alles zum Thema sagen könnte, dürfen auch Sie nicht Lehrziele formulieren, sondern Lernziele. Was hat sich für das Publikum verändert? Diese Frage nach dem Endverhalten oder dem künftigen Denken steht im Zentrum. Ihre Ziele müssen konkret beschrieben werden und überprüfbar sein (gerade auch für die Zuhörer). Fragen Sie sich daher, was die Zuhörerinnen und Zuhörer hinterher – nach der Rede – können oder wissen sollen.

Redeziele könnten unter anderem sein den Wissensstand des Publikums zu erweitern, einen Sachverhalt zu verdeutlichen, mit ihm vertraut zu machen, offene Fragen zu klären, Problemlösungen anzubieten, zu informieren oder zu motivieren.

Andere Redeziele sind etwa eine Veranstaltung zu eröffnen, auf eine Feier einzustimmen, jemandem zu danken, zu erheitern, zu trösten (man denke an eine Trauerrede), für eine Sache zu werben, ein Publikum umzustimmen, zu bekehren oder ihm etwas zu verkünden.

Erst wenn Sie sich ein Ziel gesetzt haben, können Sie Ihre Rede wirkungsvoll aufbauen. Unterschiedliche Ziele verlangen dementsprechend verschiedene Wertungen, Argumente und Beispiele. Formulieren Sie ein Hauptziel und Teilziele, die zeigen, dass Sie auf dem richtigen Weg sind. Legen Sie die Minimalziele fest, die Sie unter allen Umständen im Verlauf Ihrer Rede erreichen wollen.

Inhalt: Informationen sammeln und grob gliedern

Haben Sie gelegentlich auch das Gefühl, dass Sie immer im Nachhinein wichtige Informationen zu einem Thema finden? Dem können Sie abhelfen, wenn Sie Informationen, welche Sie interessieren, sammeln. Allgemein sind Zitate, treffende Formulierungen, Fakten und gute Ideen sammelwürdig. Informationen über ein bestimmtes Thema finden sich in Fachbüchern, Fachzeitschriften oder in Lehrbüchern. Für politische und wirtschaftliche Fragen sind Tages- und Wochenzeitungen oder Magazine am besten geeignet. Eine solche Sammlung ist eine Redevorbereitung auf längere Zeit. Sehr gut bewährt zum Sammeln haben sich Karteikarten im Format A6 (Postkarte). Solche Karten finden in jeder Westentasche Platz und bieten trotzdem genügend Schreibfläche. Zudem lassen sich die Karten direkt während des Vortrags als Stichwortkarten verwenden.

Über den Vortragsgegenstand sind möglichst viele Informationen, Sachargumente, Standpunkte, Motive, Beweise und Gegenargumente zu sammeln. Mögliche Informationsquellen sind:
- Bibliotheken, (Zeitungs-, Verbands-)Archive, Büchereien;
- Bücher, Zeitungen, Zeitschriften, Wörterbücher, Lexika;
- Radio- und Fernsehsendungen;
- Pressestellen von Instituten, Organisationen, Vereinen, Verbänden, Parteien;
- Ämter (zum Beispiel für Statistiken);
- Vorträge, Tagungen, Kongresse;
- Ausstellungen, Museen;
- eigene frühere Reden oder Aufsätze;

- Firmenarchive, eigenes Archiv (Wissenskartei);
- Freunde;
- Gespräche mit Dozenten, Lehrern, Redakteuren, Kollegen;
- nicht zuletzt Ihr Gedächtnis.

Das Thema ist Ihnen bekannt, das Ziel Ihrer Rede ist festgelegt und Sie wissen, wie sich Ihr Publikum zusammensetzt. Nun folgt die Hauptaufgabe. Es gilt, eine Auswahl aus den gesammelten Informationen zu treffen. Anschließend sind die Gedanken sinnvoll und überzeugend zu gliedern. Am besten breiten Sie dazu Ihre Informationen und Karteikarten vor sich aus. Rufen Sie sich Ihr Redeziel und das Publikum nochmals in Erinnerung. Zielen Sie auf den Kopf oder das Herz? Handelt es sich somit eher um einen Vortrag oder eine Überzeugungsrede? Welches sind die interessantesten Fakten, die stichhaltigsten Argumente? Wählen Sie dabei denjenigen Aufbau, der den größten Erfolg verspricht.

Versuchen Sie die wichtigsten Redeschritte in wenigen Kernpunkten festzuhalten. Der dadurch entstehende Rahmen lässt sich Schritt für Schritt füllen.

Denken Sie daran, dass die Wirkung einer Rede zu einem nicht geringen Teil von einer geschickten Gliederung abhängt. Die Gliederung soll ermöglichen den Stoff in logischen Einheiten zu gruppieren, wie zum Beispiel in die Kapitel eines Buches, in die Lektionen eines Unterrichtssemesters oder eben in die Abschnitte Ihres Vortrages.

Die Ausarbeitung einer Rede

Nun folgt die detaillierte Ausarbeitung der Rede. Wir können zwei Arten nutzen: Die Ausarbeitung in Stichwörtern (auf Karten, Mind Map) oder wörtlich ausformuliert.

Es ist weder eine Schande, noch zeugt es von Anfängertum, wenn der Referent nicht frei spricht. Im Gegenteil: Es zeigt, dass er sich vorbereitet hat. Die Anwesenden sind dafür dankbar, dass ihnen nicht ein langatmiges Geplauder zugemutet wird.

Relativ einfach und schnell ist die Vorbereitung auf Stichwortkarten, denn mit Stichwortkarten können Sie frei sprechen und sich der jeweiligen Situa-

tion (etwa einer Zwischenfrage) rasch anpassen. Vergleichbar mit Stichwortkarten ist auch das so genannte MindMaping, eine Karte im Geist. Das ist
eine schematische Darstellung, die die Kernfrage in die Mitte nimmt. Einem
Baum gleich werden dann einzelne Äste mit Teilaspekten der Kernfrage
gezeichnet und diese direkt auf die Linie geschrieben. Diese Äste können
sich mehrfach verzweigen und zeigen zum Schluss auf einer Seite eine gute
Übersicht über die gesamte Fragestellung.
Es gibt aber Situationen, bei denen nicht auf wortwörtliche Manuskripte ver-
zichtet werden kann. Das gilt vor allem für Sachvorträge oder für Vorträge,
die Sie in einer Fremdsprache ausführen müssen. Auch wenn eine Rede –
etwa bei einem Vereinsjubiläum – später in einem Dokumentationsband ver-
öffentlicht werden soll, ist ein wörtliches Manuskript vonnöten.
Bei einer wortwörtlich ausgearbeiteten Rede laufen Sie allerdings Gefahr,
beim Ablesen oder auswendig Aufsagen stecken zu bleiben und den Faden
nicht mehr zu finden. Außerdem verlieren Sie dabei schnell den nötigen
Blickkontakt zum Publikum. Ganz zu schweigen von der viel höheren Vorbereitungszeit ...
Ob Sie die eine oder andere Vorbereitungsart vorziehen, Anfang und Schluss
einer Rede müssen immer besonders sorgfältig vorbereitet werden: Der
Anfang hinterlässt einen ersten prägenden Eindruck (Vorurteilsbildung!) –
und der Schluss bleibt haften. Ein missglückter Anfang ist kaum mehr gut-
zumachen und ein nichtsitzender Schluss kann die überzeugendste Rede
ihrer Wirkung berauben.
Versuchen Sie beim Sprechen die Rede nicht einfach stur vom Manuskript
abzulesen. Blicken Sie die Zuhörerinnen und Zuhörer möglichst oft an. Das
können Sie jedoch nur, wenn Ihr Manuskript so übersichtlich gestaltet ist,
dass Sie den Faden im Text sofort wieder aufnehmen können.
Diese beiden Redeteile, Beginn und Schluss, sind also von entscheidender
Bedeutung. Daher überlassen Sie die genaue Formulierung nicht der Laune
des Augenblicks: Formulieren Sie die ersten und letzten Sätze auf jeden Fall
wörtlich aus und schreiben Sie diese Sätze auf die Stichwortkarten. Tragen
Sie Anfangs- und Schlusssatz auswendig vor. Peinlich wird es, wenn Sie als
Rednerin oder Redner sogar den Vortragstitel ablesen müssen!
Inhaltlich ist die Rede nun fertig gestellt. Sofern Sie genügend Zeit haben,
legen Sie sie eine gewisse Zeit zur Seite. Schlafen Sie darüber und überprüfen Sie Ihre Unterlagen anschließend nochmals. Wirkt Ihre Rede noch immer

wie aus einem Guss? Können Sie den roten Faden erkennen, der sich vom Anfang bis zum Schluss hindurchzieht? Können Sie die Redezeit einhalten? Als Letztes gilt es nun den Vortrag zu üben, was aber nicht heißt, dass Sie Ihre ganze Rede auswendig lernen sollen. Reden Sie laut – tragen Sie wenn möglich einem Dritten Ihre Rede vor. Auch Tonbandaufnahmen haben sich für die Selbstkontrolle bewährt. Insbesondere zeigt Ihnen das, ob Sie im Rahmen der Ihnen zur Verfügung stehenden Zeit bleiben.

Nachfolgend finden Sie wichtige Hinweise zur Gestaltung der Stichwortkarten und der wörtlichen Manuskripte.

Stichwortkarten oder wortwörtliche Manuskripte

Stichwortkarten haben – wie bereits erwähnt – ganz entscheidende Vorteile gegenüber den ausführlichen und ausformulierten Manuskripten. Es sind dies die folgenden Pluspunkte:

■ Es wird freier gesprochen und das in einer gesprochenen Sprache.

■ Der Blickkontakt mit den Zuhörern wird ermöglicht.

■ Man kann sich flexibler anpassen (den Erwartungen des Publikums; einer vielleicht kurzfristig verkürzten Redezeit und Ähnlichem).

■ Zum Halten der Notizen wird nur eine Hand gebraucht. Das wirkt ruhiger; die freie Hand ist für Gesten einsetzbar.

■ Der Vorbereitungsaufwand ist kleiner als bei einem wörtlich ausformulierten Manuskript.

■ Die Rede ist flexibel zusammenstellbar.

■ Redeteile lassen sich unproblematisch (durch Hinzufügen einer weiteren Stichwortkarte) ergänzen.

Beachten Sie beim detaillierten schriftlichen Formulieren:

■ „Eine Rede ist keine Schreibe!" Vor allem die Wortwahl, die Wortwiederholungen, der Satzbau, die Satzlänge unterscheiden sich stark von der geschriebenen Sprache.

■ Der Aufbau muss so gestaltet sein, dass beim eventuell notwendig werdenden Kürzen ganze Abschnitte weggelassen werden können (ein Drittel der Rede sollte kürzbar sein).

■ Anmerkungen zu geplanten Gesten oder zur Stimmmodulation gehören nicht ins Manuskript. Die Reaktion kommt sowieso meist zu spät und wird dann als falsch platziert oder als einstudiert wahrgenommen. Lediglich Hinweise auf technische Hilfsmittel sind zweckmäßig.

Stichwortartige Notizen

Was gilt für die Stichwortkarten? Nachstehend einige Tipps für die Gestaltung der Stichwortkarten – direkt auf einer Stichwortkarte:

■ Karten im Format A6 (maximal A5; blendfreies Papier, nicht hochweiß, nicht zusammengeheftet).

■ Nur einseitig beschriften, Druckbuchstaben (Handschrift) verwenden.

■ Nur ein einziger Hauptgedanke in wenigen Stichworten pro Zettel; Titel und Gliederungszeichen verwenden.

■ Zitate, Namen, Zahlen, Anfang und Ende wörtlich notieren.

■ Groß und deutlich schreiben (auf 60 cm lesbar).

■ Verschiedene Schreibfarben verwenden (Kürzungsmöglichkeiten, Wichtiges).

■ Richtig ordnen, am besten fortlaufend nummerieren. Eventuell Ecke abschneiden, damit Sie die Karten schneller ordnen können.

■ Hinweise auf Hilfsmittel anbringen.

■ Eventuell Zeithinweise (je Karte in Minuten oder kumuliert).

Die sichere und ruhige Handhabung ist folgendermaßen gewährleistet:

■ Der Referent hält die ungefalteten Karten in einer Hand. Er wirft ruhig einen Blick auf die leicht angehobenen Karten. Dank der Stichwörter erfasst er rasch den zentralen Gedanken. Die Karten werden wieder gesenkt.

■ Das aufgenommene Stichwort genügt um zum Thema frei zu sprechen.

■ Der Redner hebt die Karten erneut und prüft, ob zu diesem Gedanken alles gesagt ist.

■ Wenn ja, wird die oberste Karte nach hinten gelegt beziehungsweise bei einem Podium zur Seite, ohne sie umzudrehen, da das störend und ablenkend auf Referent wie Zuschauer wirkt.

■ Jetzt fährt der Redner mit der nächsten Karte fort wie oben beschrieben (eventuell kann er auch einzelne Karten überspringen).

■ Der Kartenwechsel sollte in der Regel alle 1–3 Minuten stattfinden.

■ Die Karten sollten in der schwächeren Hand (bei Rechtshändern ist dies meist die linke Hand) gehalten werden, da mit ihr weniger Gesten gemacht werden.

Sollten Sie doch einmal DIN-A4-Blätter verwenden, wenn beispielsweise das Manuskript auf einem Rednerpult aufgelegt werden kann, so hat sich folgende Blattgestaltung bewährt:

Thema/Titel:	Beginn: ....
Datum:	Ende: ....
Ort:	Dauer: ....
Anlass:	Seite: ....

Hauptstichwort:	Nebenstichwort:

Auch moderne Methoden wie MindMapping sind geeignet, wenn Sie ein Rednerpult haben, auf das Sie eine A4-Seite ablegen können. MindMapping ist ja, wie bereits erwähnt, eine assoziative zeichnerische Gestaltung auf Papier. Von einem zentralen Kästchen, das Ihr Vortragsthema beinhaltet, werden, Baumästen gleich, die davon ausgehen, die verschiedenen Aspekte handschriftlich notiert.

Wenn schon wörtliche Manuskripte ...

„Wenn schon wörtliche Manuskripte ...", dieser Titel zeigt bereits meinen grundsätzlichen Begeisterungsmangel für diese Methode. Aber wenn schon, dann ist neben dem bereits Festgestellten noch Folgendes zu beachten:

- nur feste A4-Blätter verwenden, die Sie einseitig beschriften
- keine hochweißen Blätter, die blenden oder spiegeln (besser sind daher pastellfarbige oder mattweiße Blätter)
- mit Farben oder durch Unterstreichen wichtige Textstellen oder Kürzungsmöglichkeiten markieren
- breiten rechten Rand lassen (für Korrekturen, einfacher beim Lesen erfassbar)
- 2-Zeilen-Schaltung bei der Schreibmaschine und große Schrifttypen (sie erleichtern das Lesen)
- großzügig mit dem Platz umgehen
- neue Abschnitte deutlich trennen
- Mundartvorträge sind schriftlich auch in Mundart zu notieren. Das ist aufgrund der veränderten Satzkonstruktionen nötig; selbst sehr geübten Rednern wäre das Übersetzen von Schriftsprache in Mundart in der kurzen Zeit kaum möglich. Ihre Mundartnotizen müssen nur für Sie lesbar sein.

Zudem darf beim Vorlesen der Rede nicht vergessen werden:

- Manuskript auflegen, nicht in den Händen halten (und dabei halb knicken).
- Keine Hilfsmittel wie Lineale oder Finger auf der Lesezeile verwenden; das hemmt den zügigen Redefluss und aktiven Kontakt zu den Zuhörern.
- Wer beim Vorlesen des Manuskriptes zu viel auf den Text sieht, hat kein Gesicht (Blickkontakt aufrecht halten).
- Legen Sie die Manuskriptseiten nur zur Seite und blättern Sie die Blätter nicht um. Das stört, verleitet die Zuhörerinnen und Zuhörer zum Zählen und erzeugt bei Mikrofonen störende Nebengeräusche. Die Blätter daher nicht zusammenheften, sondern nummeriert in eine Klarsichthülle legen.
- Vorsicht bei (Lese-)Brillenträgern: Eine weit vorn auf der Nase sitzende Brille oder permanentes Auf- und Absetzen derselben stört.

Korrekt handelt, wer sich an folgenden Rhythmus hält: Blick ins Skript – Text erfassen – aufnehmen – Publikum ansehen – sprechen.
Ausschnittbeispiele von wörtlichen Manuskripten:

■ schematisch (je Zeile nur ein Kerngedanke):

......................,

....

....

....

....

....

Alternativ kann man ein wörtliches Manuskript auch so aufbauen, dass links das Stichwort steht und daneben der ausgearbeitete Text:

Stichwort	Text
....	....
	....
	....
....	....
	....
	....
....	....
	....
	....
	....

Warum soll man eigentlich wörtliche Manuskripte nie auswendig lernen?
■ Auswendiglernen braucht viel Zeit und Energie – verwenden Sie diese besser für die sachliche Vorbereitung und zur Überzeugung der Teilnehmer (emotionales Feuer).
■ „Geschrieben ist nicht gesprochen" – fördern Sie lieber ihr Sprechdenken als das mechanische Hinunterleiern.
■ Die Gefahr stecken zu bleiben beziehungsweise am Teilnehmerinteresse vorbei zu sprechen, ist groß – bleiben Sie also lieber flexibel.

Organisatorisches

Haben Sie folgende Fragen beantwortet:

- Wer ist mein Ansprechpartner beim Veranstalter (Adresse, Telefon, Fax)?
- Welche Redezeit habe ich?
- Wann spreche ich im Verlauf der Veranstaltung (Tag und Uhrzeit)?
- Genauer Veranstaltungsort?
- Wie organisiere ich die Hin- und Rückreise?
- Wie sind die Räumlichkeiten gestaltet und eingerichtet?
- Welche technischen Hilfsmittel stehen zur Verfügung?
- Wer kommt für die Spesen auf (Unterkunft, Verpflegung)?
- Ist ein Honorar vereinbart?
- Wie ist die Gesamtveranstaltung aufgebaut? Sprechen außer mir noch andere Personen?
- Woran muss ich sonst noch denken?

Die sorgfältige organisatorische Vorbereitung erspart viel Ärger und wohl auch manches „ja, wenn ich das gewusst hätte …".

Die Einzelrede

Bei einer Rede will die Sprecherin respektive der Sprecher einem Kreis von Zuhörern persönliche Gedanken näher bringen. Da der Redner nicht in direkter Wechselrede mit seinen Zuhörern steht, wird auch von einer Monologsituation gesprochen. Der Monolog der Einzelrede sollte sich allerdings auf die verbale Sprache beschränken, nicht auf die Körpersprache. Durch sie befinden sich Redner und Publikum nämlich in einer Dialogsituation. Das Publikum signalisiert zum Beispiel Interesse, Anteilnahme und Zustimmung oder auch Langeweile, Ablehnung und Desinteresse. Achten Sie auf das nonverbale Feed-back, das Ihnen Ihre Zuhörerinnen und Zuhörer geben, und führen Sie so einen stummen Dialog.

An dieser Stelle seien nochmals die wichtigsten Redeformen, ob Monolog oder Dialog (zwei oder mehrere Personen sprechen zusammen), aufgelistet:

Redeart	Redeziel
Akquisitionsgespräch	Auftrag/Bestellung bekommen
Bewerbungsgespräch	Stelle erhalten/besetzen
Kritikgespräch	Verhaltensänderung
Laudatio	Lobrede auf eine Persönlichkeit
Rahmenrede	Einleitung einer Veranstaltung
Rezitation	künstlerische Darbietung
Streitgespräch	Darlegung der Standpunkte
Therapiegespräch	Diagnose und Hilfe
Trauerrede	Ehrung eines Verstorbenen
Verhör	Wahrheitsfindung
Verkaufsgespräch	Verkauf von Produkten
Vorlesung	Stoffvermittlung

Formen der Einzelrede

Der Sachvortrag (Informationsrede)

Im Sachvortrag, der Informationsrede, wird ein Thema erörtert. Es geht dabei in erster Linie um Wissensvermittlung, darum zu informieren, zu instruieren oder Informationen zu präsentieren. Der Referent wird seine persönliche Meinung zurückhaltend äußern, da seine Person gegenüber der Sache im Hintergrund steht. Oftmals ist der Teilnehmerkreis speziell ausgewählt worden, zum Beispiel eine Gruppe von Mitarbeitern, die auf einem bestimmten Fachgebiet eine Weiterbildung erhalten sollen.

Fragen können in der Regel erst am Schluss gestellt werden. Gerade daher hat der Referent während der Rede durch intensiven Blickkontakt zu prüfen, ob das Gesagte verständlich und interessant ist. Die eher passive Rolle der Zuhörer bringt mit sich, dass sie rasch ermüden. Daher darf ein solcher Sachvortrag nicht zu lange dauern. Länger als eine gute Stunde hält niemand ohne Pause durch.

Der Aufbau richtet sich nach den Überlegungen der Logik, die Sprache ist sachlich. Eine klare Gliederung unterstützt den Zweck der Wissensvermittlung.

Technische Hilfsmittel wie Tageslichtprojektor oder Flipchart erleichtern die Informationsübermittlung und lockern den Monolog auf.

Die Überzeugungsrede

Mit der Überzeugungsrede will der Redner, wie der Name bereits sagt, seine Zuhörerinnen und Zuhörer für seine Ideen und seine Ansichten gewinnen. Das Publikum soll von der Richtigkeit der Ansichten und Handlungsaufforderungen des Redners überzeugt sein und ihnen Folge leisten. Hier haben im Gegensatz zum Sachvortrag auch Gefühle Platz. Mit seiner emotionalen Beteiligung steckt der Redner das Publikum an und gewinnt sein Interesse. „Wer jemanden überzeugen will, muss zuerst sich selbst überzeugen." Wer also selbst nicht an eine Sache glaubt, wird wohl kaum fremde Personen dafür gewinnen können. Das Redeziel sollte dem Sprecher einer Überzeugungsrede ständig vor Augen sein. Das erlaubt ihm, beharrlich und konsequent auf dieses Ziel hinzuarbeiten, ohne dabei in seinen Mitteln unbeweglich zu werden. Reaktionen auf das Feed-back des Publikums sind durchaus wichtig – aber das Ziel muss das Gleiche bleiben.

Jeder Überzeugungsrede folgt eine klare und unmissverständliche Handlungsaufforderung. Was ist nun zu tun? Was ist zu unterlassen? Wählen Sie dafür kleine, realistische Schritte. Entscheidend für den Erfolg der Überzeugungsrede ist die Person des Redners. Es kommt oftmals weniger darauf an, was er wortwörtlich sagt, sondern darauf, dass es auf eine bestimmte Art gesagt wurde.

Wie kann man überzeugen? Auf jeden Fall müssen Sie das Gefühl der Zuhörerinnen und Zuhörer ansprechen. Das heißt nicht, dass Sie unsachlich sein sollen – wohl aber, dass Sie auch an das Herz der Zuhörer, an ihren Anstand und ihre ethischen Werte appellieren dürfen und sollen. Strahlen Sie auch selbst menschliche Wärme aus. Ihre Beliebtheit, Glaubwürdigkeit, Neutralität und Selbstsicherheit sind ein wichtiger Beitrag zu der Überzeugung, die Sie vermitteln wollen.

Je eher sich die Zuhörerinnen und Zuhörer einen Nutzen von der Denk- und Verhaltensänderung versprechen, je geringer der Umstellungsaufwand ist, desto eher sind sie bereit sich oder ihr Verhalten zu ändern. Das bedingt jedoch, dass die verlangte Umstellung nicht zu heftig mit der bisherigen Denkhaltung kollidieren darf. Denn jede Umstellung bedeutet ein Risiko und das ist für die meisten Menschen mit Angst verbunden.

Die Fest- oder Gelegenheitsrede
Die Fest- oder Gelegenheitsrede gibt einer feierlichen Veranstaltung Rahmen und Inhalt. Eine ganz bekannte Form ist die Tafelrede. Sie wollen die gute Stimmung heben und halten – also weder überzeugen noch informieren. Die Rednerin oder der Redner will begrüßen, ehren, beglückwünschen, gratulieren, mitfeiern oder Anteil nehmen.
Solche Reden sind kurz und bündig. Vielleicht ist die Rede nur wenige Minuten lang, da sie ja der Grund für die Veranstaltung – und das Kommen des Publikums – ist. Und in diesem Fall kann man jedem Redner nur empfehlen, sich an das Sprichwort „in der Kürze liegt die Würze" zu halten. Zu folgenden Anlässen werden beispielsweise Fest- oder Gelegenheitsreden gehalten:
■ Einweihungen
■ Beförderungen, Verabschiedungen im Betrieb
■ Jubiläen wie Geburtstag, Hochzeitstag, Firmen- und Arbeitsjubiläum
■ Abschlussfeiern (Diplom, Kurs, Veranstaltung)
■ Preisverleihungen und Ehrungen

- Vereins- und Betriebsversammlungen
- Eröffnung einer Veranstaltung wie eines Balles, eines Sportwettkampfes, einer Sportsaison, eines Festes
- Familienfeste oder kirchliche Feste wie Taufe, Konfirmation, Kommunion, Hochzeit

Spezialfälle dieser Redeart sind die Laudatio (Ehrung) beziehungsweise die Trauerrede (Epilog).
Als Aufbau hat sich für die reguläre Fest- oder Gelegenheitsrede in der Praxis bewährt:

Anrede und Begrüßung eventuell mit Dank für die Einladung

Anlass des Festes kurze Darstellung des Hintergrunds, warum feiern wir?

Ehrung, Auszeichnung Vergangenheit, Erlebnisse, Rückblick, Geschichte

Ausblick und Aufforderung Zukunft, Optimismus, Glückwünsche

Dank, Abschluss gegebenenfalls mit Trinkspruch, Geschenküberreichung, Hochleben lassen, Glas erheben

Wichtiger Teil der Festrede ist, im Gegensatz zu den übrigen Redeformen, die Anrede. Hier dürfen und müssen teilweise sehr viele Personen erwähnt werden. Die Hauptperson zuerst, anschließend in der korrekten Reihenfolge die übrigen Personen. Wählen Sie sehr sorgfältig die Reihenfolge aus – eine unpassende Reihenfolge könnte Ihnen übel genommen werden.
Je nach Veranstaltungsart ist Ihrer Festrede vielleicht schon eine eigentliche Begrüßungsrede vorangegangen. Dann können Sie selbstverständlich auf eine ausladende Begrüßung verzichten. Einen Dank für das Erscheinen auszusprechen würde sich sogar ganz erübrigen.
Als Abschluss einer Festrede kann ein Hochleben lassen oder ein Trinkspruch angebracht sein. Anknüpfungspunkte für den Inhalt der Rede könnten sein:
- Hauptperson (Lebenslauf, Geburtsdatum, Persönlichkeit, erreichte Ziele)
- Gemeinsamkeiten/Unterschiedlichkeiten mit der Hauptperson wie im Charakter, Beruf oder Hobby

■ Beruf
■ gemeinsamer Lebensweg
■ heutiger Anlass
■ Geburtsdatum (was hat sich an diesem Tag ereignet, wie war die damalige Zeit, welche Schlagzeilen waren damals auf den Frontseiten der Zeitungen?)
■ Vornamen, Name (Bedeutung, Verwandtschaft)

Die Spontanrede

Spontan, das heißt ohne oder nur mit geringer Vorbereitung, spricht in der Spontanrede eine Sprecherin oder ein Sprecher, sei dies im Rahmen einer politischen Diskussion, einer Sitzung oder einer anderen Besprechung. Auch bei Festen werden Sie unter Umständen plötzlich um Ihre Meinung gefragt und müssen sich spontan äußern. Diese Redeart erfordert daher höchste Konzentration, rasche Auffassungsgabe, schnelles Denken und eine gehörige Portion Übung. Eine mögliche Aufbauform ist:

Standpunkt	eigene Position darstellen
Argumente	Begründung, Beispiele
Schlussfolgerung	Handlungsaufforderung

Auch die zeitliche Gliederung (heute/ist; Zukunft/soll sein; Weg) ergibt eine optimale Gliederung.

Aufbauvarianten einer Rede

Dem Aufbau, der Gliederung Ihres Vortrags, kommt große Bedeutung zu. An einer einfachen Übung kann dies veranschaulicht werden. Eine gute Gliederung, die in sich stimmig ist, erleichtert somit das Verständnis ganz entscheidend.
Der Wissenschaftler Frederic Vester stellte zur Verbesserung des Lernens in seinem Buch „Denken, Lernen, Vergessen" einige Regeln auf, deren Beachtung auch beim Aufbau einer Rede von Vorteil ist (Auszug):
1. Lernziele erkennen (was will ich bei den Zuhörern mit meiner Rede erreichen)

2. sinnvoller Aufbau (also nicht unbedingt historisch!)
3. Neugierde kompensiert „Fremdeln" (wenn ich mein Publikum mit etwas ihm Ungewohnten konfrontiere, muss ich es ihm schmackhaft machen, indem ich sein Interesse wecke)
4. Neues, alt verpackt (das nimmt dem Fremden einen Teil seiner Ungewohntheit und erleichtert den Zugang)
5. Skelett vor Details (bevor ich das Publikum mit Einzelheiten bombardiere, erkläre ich zunächst die Hauptpunkte und damit die Gliederung)
6. Erklärungen vor Begriffanwendung (damit das Publikum mit meinem Vortrag etwas anfangen kann, sichere ich mich durch kurze Erklärungen ab, dass meine Begriffe auch verstanden werden)
7. Lernspaß (was man gerne gehört hat, weil es ansprechend vorgetragen wurde, behält man leichter)
8. viele Eingangskanäle nutzen (wenn Informationen nicht nur akustisch durch den Vortrag, sondern auch beispielsweise optisch durch einen Tageslichtprojektor vermittelt werden, erleichtert das die Aufnahme)
9. Verknüpfungen mit der Realität (Beispiele aus dem jedem Zuhörer vertrauten Alltagsleben veranschaulichen das Gesagte)
10. Wiederholen von neuen Informationen (nur einmal Gesagtes prägt sich nicht genügend ein)
11. dichte Verknüpfungen aller vorherigen Fakten (alle genannten Punkte sind gemeinsam zu benutzen um einen optimalen Aufbau der Rede zu gewährleisten)

Die Berücksichtigung dieser Regeln lässt noch immer sehr viele Gliederungsmöglichkeiten zu. Wählen Sie einen Aufbau, der Ihnen und dem Thema entspricht. Sprechen Sie in jedem Fall das Wichtigste zuerst an, da die Aufmerksamkeit mit der Zeit absinkt. In jedem Zeitungsartikel werden die wichtigsten Fragen zu Beginn beantwortet und nicht erst im letzten Abschnitt. Beantworten Sie alle W-Fragen zu Ihrem Thema. Das sind die journalistischen Fragen nach: wer, wo, wie, was, wann, warum, womit, wie lange, warum nicht ...
Bedenken Sie im Aufbau auch, dass Sie zuerst die Herzen der Zuhörerinnen und Zuhörer gewinnen müssen, bevor Sie den Kopf überzeugen können.
Die Zuhörerinnen und Zuhörer wollen Neues von Ihnen hören. Wenn Sie mit keinen Entdeckungen aufwarten können, schöpfen sie aus eigenen Erfah-

rungen. Bringen Sie neue Kombinationen, neue Anwendungsmöglichkeiten. Zeigen Sie neue Ansätze. Der Umgang mit Kindern kann helfen der Fantasie neue Wege zu weisen. Sie zeigen uns, wie man spielerisch Dinge neu kombinieren kann.

Nachstehend einige wichtige und allgemein einsetzbare Formen:

Analyseform

Ist Information über die Fakten, die Ausgangssituation, den momentanen Stand der Dinge

Soll Wohin soll es gehen? Ziel, Zukunft

Weg Vorgehen, Lösungen, wie packen wir es an?

IDEAL-Formel
Die IDEAL-Formel steht für folgende fünf Schritte:

I wie Interesse wecken, Wohlwollen schaffen

D wie Darstellung des Themas, Situation darlegen und Vorschläge unterbreiten

E wie Erläuterung, Präzisierung, Untermauern der Vorschläge/Ideen, mögliche Einwände entkräften

A wie Anschauung, Praxisbeispiel, Aha-Erlebnis, Eselsbrücke, Humor, Anekdote

L wie logischer Schluss, Handlungsaufforderung, sagen, was jetzt zu tun ist

Fünfsatz-Rede

In der Fünfsatz-Rede kommen Sie in fünf Schritten zum Ziel. Diskret kann dies an den Fingern einer Hand abgezählt werden.

Was ist? heute, jetziger Zustand, Faktum

Was soll sein? Ziel, Vision

1. Alternative (oder These) Reduktion auf zwei (maximal drei) Möglichkeiten, Vorstellen der 1. Möglichkeit

2. Alternative (oder Antithese) unattraktiv präsentieren, Entkräften der Gegenargumente

Verwerfung 2. Möglichkeit verwerfen (mit Begründung) und Nutzen der 1. Möglichkeit nochmals aufzeigen

Handlungsaufforderung Was ist jetzt zu tun? Wie?

Gratulationsschema

Anlass Warum treffen wir uns? Persönlicher Bezug

der/die zu Ehrende Person/Anlass, Vergangenheit

Ausblick Wünsche für die Zukunft

Generelles Schema
Das generelle Schema ist ein Grundschema, nach dem Sie jedes Referat aufbauen können.

Einleitung
Anrede, Begrüßung, Thema nennen, Abgrenzung, Aktualitätsbezug

Hauptteil

Leitidee 1	IST-Situation, wie ist es dazu gekommen? Deutlich machen einer gemeinsamen Basis von Referent und Publikum
Leitidee 2	SOLL-Zustand, These, Vision, Zukunft
Leitidee 3	Konsequenzen, Wege zum Ziel, Hindernisse, Alternativen, Kompromisse

Schluss Handlungsaufforderung, Zusammenfassung, Ausblick, Nutzen, Verabschiedung

Die Überzeugungsformel
Sie stellen eine Behauptung auf oder legen Ihren Standpunkt dar, führen eine logische Beweisführung, begründen, unterstützen die Argumentation mit Beispielen und Bildern und verdichten am Schluss den Kernpunkt zu einer zwingenden Handlungsaufforderung.

These Meinung, Behauptung, Standpunkt verdeutlichen

Argument(e) Beweisführung

Beispiele Konkretisierung, Bekräftigung

Zusammenfassung Konsequenz, Handlungsaufforderung

Die verschiedenen Redephasen

Wir gliedern die Rede in vier Phasen – zusammen mit der Phase, die der Rede vorausgeht, sind es insgesamt fünf:

Zeit unmittelbar vor der Rede

Anrede
Kontaktphase (Einleitung)
Informationsphase (Hauptteil)
Appellphase (Schluss)

Die Zeit unmittelbar vor der Rede
Die Zeit unmittelbar vor der Rede dient dem Redner dazu sich zu sammeln und letzte Publikumsbeurteilungen vorzunehmen.
Bei kleineren Teilnehmerzahlen ist es oft üblich, dass der Redner die ankommenden Gäste persönlich mit Handdruck begrüßt. So entsteht ein erster Kontakt und Sie haben zudem die Chance Ihrem Publikum „in die Augen" zu sehen. Das liefert Ihnen wichtige Informationen und entspannt die Atmosphäre. Bereits der erste Kontakt, die erste Brücke, die wir zum Publikum schlagen, muss tragfähig sein. Daher ist der Einstieg einer Rede äußerst wichtig und darf wörtlich formuliert sein. Dass Äußerlichkeiten den ersten Eindruck prägen, sollte uns immer bewusst sein.
Die einzelnen Schritte vor der Rede sollten folgendermaßen ablaufen:
■ Sie sind rechtzeitig am Veranstaltungsort (das erspart Ihnen Stress und gibt Ihnen Zeit letzte Vorbereitungen zu treffen).
■ Sie selbst oder der Veranstalter überprüfen die Hilfsmittel (Stecker, Pulthöhe, Podest, Verdunklungsmöglichkeit, Getränkeservice, Saallüftung, Temperatur).

- Alkohol und Aufputschmittel hemmen die Aufmerksamkeit, man soll beides vor der Rede meiden.
- Kleidung und Frisur werden nochmals am Platz überprüft, das Manuskript wird eingesteckt.
- Sie treten ein (ohne Begleittross) und erfassen das Publikum mit einem Rundblick. Wenn Sie sich schon im Raum befinden (etwa weil vor Ihnen bereits ein anderer Vortrag gehalten wurde), stehen Sie langsam auf.
- Gehen Sie ruhig, gefasst, selbstsicher und bestimmt zum Rednerplatz. Achten Sie auf eventuell vorhandene Kabel am Boden. Gegebenenfalls klären Sie Ihre Stimme jetzt durch Räuspern oder Husten.
- Am Pult ordnen Sie ruhig die Unterlagen und legen das Manuskript bereit. Wenn nötig, schenken Sie sich Mineralwasser ein, legen die Uhr bereit und schalten anschließend die Lampe und dann das Mikrofon ein.
- Lösen Sie sich vom Pult (zurücktreten, Stand suchen, Hände senken).
- Nehmen Sie Blickkontakt mit den Zuschauern auf.
- Jetzt legen Sie eine Pause ein, bis Ruhe und Aufmerksamkeit gewonnen ist. So verschaffen Sie sich Respekt.
- Sie beginnen mit einer klaren und sicheren Anrede (fangen Sie erst mit der Rede an, wenn Sie die Aufmerksamkeit gewonnen haben). Insbesondere zu Beginn sollten Sie sehr langsam sprechen und Pausen einsetzen.

Die Anrede (Beginn)

Mit dem Beginn der Rede schlagen wir zu den Zuhörern eine Brücke. Diese emotionale Kontaktaufnahme muss Ihnen mit den ersten paar Sätzen gelingen, denn innerhalb sehr kurzer Zeit bildet sich das Publikum ein Urteil über den Sprecher. Dieser erste Eindruck kann falsch sein – aber er bleibt an Ihnen kleben. Wir wissen von uns selbst, wie schwer wir uns auch schon nach kurzer Zeit damit tun, das einmal gewonnene Bild eines Menschen wieder zu revidieren und nicht alle neuen Aussagen zur Untermauerung des bereits vorhandenen (Vor-)Urteiles zu benützen. Wir haben daher keine zweite Chance einen ersten Eindruck zu hinterlassen. Der Anfang muss sitzen und Redner und Redegegenstand dem Publikum nahe bringen (empfohlen wird daher, die ersten paar Sätze wörtlich auszuformulieren und zu memorieren). Zugleich darf die Anrede auf keinen Fall zu lang und damit langweilig werden. Sie verfolgen mit ihr ja nur das Ziel Aufmerksamkeit und Zuhörerinteresse zu wecken.

Die Wahl der Anrede ergibt sich aus dem Anlass. Entscheidend sind zudem Ihr Redeziel sowie gegebenenfalls die übrigen Referenten. Wie wollen Sie Ihre Position abstecken? Zusätzlich beeinflusst der Zuhörerkreis die Anrede. Aus welchen Berufskategorien setzen sich die Zuhörerinnen und Zuhörer zusammen? Vor allem aber ergibt sich die Anrede aus Ihrem Verhältnis zu den Zuhörern. Der Vater wird anlässlich der Hochzeit seine Tochter anders anreden als ein Bekannter oder Pfarrer.

Bei namentlicher Erwähnung einzelner Personen in der Anrede ist streng darauf zu achten, dass Sie niemanden vergessen. Das wäre ein peinliches Versäumnis! Vergewissern Sie sich auch, dass Sie die Namen korrekt aussprechen. Es ist für Sie wie für den Angesprochenen unangenehm, wenn Sie mehrmals ansetzen müssen, bis Sie den Namen aussprechen können.

Für die Reihenfolge gilt: Damen vor Herren sowie ältere Menschen vor jüngeren Menschen und Gäste vor Einheimischen/Mitgliedern. Zudem ist der soziale Rang ein Kriterium. Höher gestellte werden vor tiefer gestellten Personen erwähnt. Gewählte politische Persönlichkeiten werden immer vor Verwaltungsbeamten genannt, ebenso kirchliche Würdenträger vor weltlichen und erworbene Titel vor verliehenen Titeln. In der Regel wird als Titel der akademische Titel (Professoren- und Doktorentitel), die kirchliche Funktion (Bischof) beziehungsweise der militärische Grad (Oberst) oder die politische Funktion (Staatssekretär) genannt. Müssen sehr viele Personen genannt werden, wählt man die alphabetische Reihenfolge. Erkundigen Sie sich, wenn Sie bezüglich der Anredereihenfolge unsicher sind. Bei sehr großen Veranstaltungen offizieller und feierlicher Art gibt es häufig eine spezielle Begrüßungsrede zur Veranstaltungseröffnung, sodass es sich für die einzelnen Referenten erübrigt die Teilnehmer separat zu begrüßen. Hier genügt für Sie somit eine kurze Anrede ohne spezielle Begrüßung.

Hier sind einige Beispiele möglicher einfacher Anreden:

- Meine Damen und Herren
- Meine sehr verehrten Damen, sehr geehrte Herren
- Meine Damen, meine Herren
- Meine Herren
- Herr (Professor, Dr., Regierungsrat) X, meine Damen und Herren
- Geehrte Versammlung
- Verehrtes Publikum
- Wertes Publikum

- Meine sehr verehrten Damen und Herren
- Liebe Sportfreunde, liebe Parteifreunde
- Liebe Mitarbeiterinnen und Mitarbeiter

Wählen Sie im Zweifelsfall von zwei Alternativen lieber die förmlichere als die vertraulichere Anrede. Die Distanz zum Publikum können Sie dann während der Rede verkleinern anstatt sich gleich zu Beginn anbiedern zu wollen.

Die Kontaktphase (Einleitung)

Der Anrede muss eine positiv stimulierende Einleitung folgen. Erst wenn ein angenehmes Klima herrscht, das Publikum in Bann gezogen ist, dürfen Sie mit Überzeugungsversuchen beginnen. Bevor Sie nicht das Wohlwollen Ihrer Zuhörer erworben haben, nützen alle Appelle nichts.

Geeignete Einleitungen beinhalten:

- Grundgedanke, Leitlinie
- rhetorische Frage
- Ausblick auf den Inhalt
- Zielsetzung und Orientierung (speziell wenn es sich um eine reine Informationsvermittlung handelt)
- Behauptung, These, Vergleich, Faktum, aktuelles Ereignis, beeindruckender statistischer Wert, Erlebnis, Vorfall
- Grund der Zusammenkunft
- Kompliment (wenn echt und angebracht; ein indirektes Lob wirkt meistens stärker)
- Erkenntnis zum Thema, eventuell Begriffsdefinition
- Zitat, Sprichwort, Gedicht
- eventuell Demonstration, audiovisuelles Hilfsmittel

Eher einen Verlegenheitsbeginn stellt der Dank für die Einladung und Worterteilung dar. Halten Sie sich dabei in jedem Fall kurz. Am besten ist diese Danksagung bei der Anrede oder der Begrüßung angebracht.

Beginnen Sie Ihre Rede nicht mit Floskeln, die nicht mehr als warme Luft sind. Auch Entschuldigungen sind fehl am Platz – oder glauben Sie, das Publikum sei nachsichtiger in der Beurteilung, wenn Sie mit „Ich hatte nur wenig Zeit zur Vorbereitung" oder „Mir standen nur sehr wenige Unterlagen zur Verfügung" beginnen?

Ebenso sind Unterordnungen unter die Vorredner oder die nachfolgenden Referenten fehl am Platz. Dieses persönliche Kleinmachen ist allerdings nicht auszurotten. Wie oft hört man Einleitungen wie „Ich bin zwar kein Fachmann auf diesem Gebiet, …". Warum das? Zu Recht müsste sich jedermann fragen, warum Sie bei so viel Selbsterkenntnis überhaupt sprechen. Sie aber haben sich doch vorbereitet und sprechen zu einem Thema, das Sie beherrschen!

Nicht enden wollende Einleitungen, die zudem eine übertriebene verbale Freude ausdrücken, die sonst überhaupt nicht zu spüren ist, verzeihen Ihnen die Zuhörerinnen und Zuhörer nur schwerlich. Ironischerweise beginnen diese Einführungen manchmal noch mit „Ich will nur kurz …". Allgemeinplätze, Witze und Zitate, die nun wirklich alle kennen, sind ebenso wie ironische Aussagen unzweckmäßig. Vor allem in der Einleitung, in der Sie den ersten Kontakt zum Publikum schaffen und die Brücke zum Thema schlagen, haben solche Dinge keinen Platz.

Seien Sie einfach Mensch – natürlich und echt. Sie dürfen sich freuen, sie dürfen danken – aber beides bitte nicht stundenlang.

Die Informationsphase (Hauptteil)

Jetzt informieren, begründen und beweisen Sie. Als Rednerin oder Redner sollen Sie in erster Linie Sicherheit und Ruhe ausstrahlen. Im Vortrag wird in diesem Teil primär die Sachebene betont.

Je klarer Sie Ihren Hauptteil gliedern, je besser der logische Aufbau ist, desto schneller kommen Sie zum Ziel. Halten Sie sich Ihr Redeziel dauernd vor Augen, so bleiben Sie sachlich und zielstrebig.

Der Hauptteil zeichnet sich durch eine kontinuierlich wachsende Spannung aus. Das reißt die Zuhörer mit und Ihr Vortrag gewinnt so beständig an Überzeugungskraft.

„Eine gute Rede besteht aus einem interessanten Anfang und einem wirkungsvollen Schluss – der Abstand zwischen diesen beiden soll möglichst gering gehalten werden." Dieser Ratschlag stammt von Winston Churchill.

Der mittlere Teil der Rede dauert in der Regel allerhöchstens zwei Stunden. Idealer sind kürzere Vorträge von maximal einer halben Stunde. Nach Möglichkeit sollte man längere Vorträge durch Pausen unterbrechen. Eine willkommene Abwechslung bringen auch mehrere Sprecherinnen und Sprecher für das Publikum.

Die Appellphase (Schluss)

Bei der Zuhörerin und dem Zuhörer bleibt inhaltlich der Redeschluss hängen (vom emotionalen allgemeinen Eindruck her ist es der Anfang). Er muss daher, besonderes wenn er einen konkreten Auftrag, eine Handlungsaufforderung beinhaltet, noch sorgfältiger formuliert sein als der Beginn. Ein starker Abgang, ein gelungenes Finale, kann eine schwache Rede zumindest teilweise kompensieren. Ein lauer Schluss jedoch verdirbt die beste Rede! Heben Sie die „beste Nummer", das wirksamste Argument für den Schluss auf. Dadurch können Sie die Spannung bis zum Abschluss steigern und auf dem Höhepunkt aufhören. Ihre Schlusssätze müssen daher sitzen. Unnötige Verlängerungen, weil die redende Person den Schluss nicht vorbereitet hat und daher nicht findet, sind skandalös. Schluss ist auf dem Höhepunkt und nicht, wenn Redner und Zuhörer am Ende sind (die Letzteren vor allem mit ihrer Geduld). Der Schluss ist die Verdichtung alles bisher Gesagten, er bringt die dargelegten Gedanken auf den Punkt. Danach überlassen Sie die Zuhörerinnen und Zuhörer wieder sich selbst.

Merkmale eines guten Abschlusses:

■ fordert zum Handeln auf, appelliert an die Zuhörer
■ fasst zusammen
■ ist prägnant formuliert (Schlagwort, Tipp)
■ zeigt die Folge auf
■ löst die aufgebaute Spannung durch eine humorvolle Wendung
■ zeigt Zukunftsaussichten

Bei Bedarf können Sie zum Abschluss Ihres Vortrages zum nächsten Programmpunkt überleiten, sei dies das anschließende Mittagessen, die Fabrikführung oder der nächste Referent.

Danksagungen für die Aufmerksamkeit und das Ausharren sind eher Verlegenheitsschlüsse, die nur in Notfällen gebraucht werden sollte. Wählen Sie für einen solchen Schluss kurze Sätze wie: „Besten Dank, meine Damen und Herren, für Ihre Aufmerksamkeit" oder „Ich wünsche Ihrer Tagung noch einen weiteren guten Verlauf".

Wer den Abschluss ankündigen muss, gar noch mit „Fertig." oder „Ich bin am Ende!" (physisch?) mitteilt, handelt ungeschickt. Der Schluss muss sich ergeben – und es muss für jedermann logisch sein, dass eben hier auf dem Höhepunkt die Rede fertig ist. Zerreden Sie diesen Schluss unter keinen

Umständen. Der Schriftsteller und hervorragende Redner Mark Twain berichtete einst: „Ein Missionar, der eine prachtvolle Stimme hatte, predigte. Mit ergreifenden schlichten Worten erzählte er von den Leiden der Neger. Ich war so gerührt, dass ich statt der 50 Cent, die ich zu opfern gedachte, die Spende verdoppeln wollte. Die Schilderungen des Missionars wurden immer eindringlicher und ich nahm mir vor, meine Gabe weiter zu steigern: auf zwei, drei, fünf Dollar. Schließlich war ich dem Weinen nah. Ich fand, alles Geld, das ich bei mir trug, reiche nicht, und ich tastete nach meinem Scheckbuch ... Der Missionar aber redete und redete und die Sache wurde mir allmählich langweilig. Ich ließ die Idee mit dem Scheckbuch fallen und ging auf fünf Dollar herunter. Der Missionar redete weiter. Ich dachte: Ende ... Als er endlich fertig war, legte ich zehn Cents auf den Teller."

Wie in der Einleitung sollten Sie Ihre Aussagen nicht in Entschuldigungen erschöpfen. Entschuldigungen für die überzogene Redezeit, die vielleicht langweilige und inkompetente Rede sind überflüssig – überlassen Sie das Urteilen getrost den Zuhörerinnen und Zuhörern.

Auch beim Abschluss gibt es wie bei der Einleitung Spezialisten, die zwar immer beteuern, dass Sie jetzt zum Schluss kämen, trotzdem aber immer noch eine halbe Stunde weitersprechen.

Ermahnendes, übertriebenes Moralisieren mag kaum jemand gerne hören. Drohen Sie nicht, zeigen Sie besser Vorteile des erwünschten Verhaltens oder Denkens auf.

Ist der letzte Satz auch stimmlich so moduliert, dass er auch aufgrund des Tonfalles als Schlusssatz erkennbar ist?

Vergessen Sie nicht, nach der letzten Aussage kurz stehen zu bleiben. Erfassen Sie Ihr Publikum nochmals mit einem Rundblick. Der Applaus gehört Ihnen! Treten Sie erst jetzt vom Podium weg.

Beurteilung der Einzelrede

Die sechs wichtigsten Beurteilungskriterien

Aufgrund der folgenden Aspekte können Sie Ihre eigene oder eine fremde Rede nach verschiedensten Gesichtspunkten beurteilen. Wenn Sie sich selbst eine Checkliste erstellen, können Sie mit Noten oder + und – eine Ausprägung feststellen – und im Verlauf der Zeit deren Veränderung ablesen. Aufgrund Ihrer Liste können Sie anderen Rednern wiederum Feed-back geben oder Sie bekommen solche Rückmeldungen von Bekannten. Grundsätzlich werden folgende sechs Aspekte der Rede- und Sprechtechnik unterschieden:

1. Erster Eindruck und Abschluss
2. Inhalt
3. Aufbau, Gliederung, Sprache
4. Äußeres, Auftreten, Nonverbales
5. Kommunikationsgesichtspunkt (Interaktion, psychologischer Aufbau, Gesamtwirkung)
6. Hilfsmitteleinsatz

Jeder dieser Punkte kann weiter ausgeführt werden. Die nachfolgende Auflistung gibt Ihnen Anregungen, ist jedoch keinesfalls abschließend.

1) Erster Eindruck und Abschluss
- Allgemeine Wirkung?
- Guter, griffiger Beginn?
- Koordinierte Einheit zwischen Redner, Inhalt und Vortrag?
- Auftreten, Haltung, Gesten?
- Blickkontakt vorhanden, ausgewogen?
- Sprache (akustisch verständlich)?
- Treffender, optimaler Schluss?
- Handlungsaufforderung?

2) Inhalt
- Aussagekraft?
- Verständlichkeit, Ausdruck?
- Klarheit der Gedanken?
- Wiederholungen?
- Überflüssige Bemerkungen, Sätze?
- Nebensächlichkeiten?
- Vorbereitet?
- Sachkenntnis?
- Ziel?

77

3) Aufbau, Gliederung, Sprache

a) Einleitung, Hauptteil, Schluss
- Folgerichtige Gliederung?
- Starker Beginn?
- Engagierter Hauptteil?
- Zielgerechter, merkbarer und weitererzählbarer Schluss?
- Motivierende Handlungsaufforderung?

b) Wortwahl
- Angemessene, ausgewogene Wortwahl?
- Modewörter?
- Sind Fachwörter bekannt?
- Fremdwörter?
- Abkürzungen bekannt?
- Keine mehrdeutigen Wörter?

c) Satzbau/Stil
- Die Sprache soll verständlich, anschaulich und dem Zuhörerniveau angepasst sein.
- Kurze Sätze?
- Wenig Nebensätze?
- Verschachtelung?
- Einfache, aber präzise Sprache?
- Grammatikalisch richtig?
- Aktiv statt passiv?
- Verben statt Substantive?
- Einfache statt zusammengesetzte Tätigkeitswörter?
- Wenige statt viele Mittelwörter?
- Konkret und bildhaft statt abstrakt?

d) Sprachliche Marotten
- Verwendung von Füllwörtern (äh, und, ich würde sagen, ja, usw., nämlich, nicht wahr)?
- Verwendung von Abschwächungen (abschwächende, einschränkende, vage und unnötige Wörter oder Satzteile)?

e) Rhetorische Fragen
- Kommen rhetorische Fragen zum Einsatz (wie beispielsweise: „Betrifft uns diese Frage nicht alle sehr direkt?" statt: „Machen Sie sich einmal Gedanken darüber.")?

f) WIR-Form
- Überzeugende Anwendung der WIR-Form?
- Ist die WIR-Form konsequent?

g) Persönliche Betroffenheit/Nutzenargumentation
- Wird Anteilnahme geweckt?
- Ist der Nutzen für den Zuhörer erkennbar?

h) Handlung im Ausdruck
- Lässt der Redner die Situationen lebendig werden?
- Benutzt der Sprecher direkte Rede?
- Knüpft er an Bekanntes und Vertrautes an?
- Wird positiv formuliert?
- Wird Zynismus und Ironie vermieden?
- Erfolgt eine persönliche Ansprache an das Publikum?

i) Einheit des Ausdrucks
- Glaubwürdig?
- Ehrlich?
- Anwendung der gesprochenen Sprache?
- Einklang zwischen Gesagtem und nonverbalem Ausdruck?

4) Äußeres, Auftreten, Nonverbales
- Kleidung der Situation angebracht?
- Haare?
- Schmuck, nicht zu überladen?
- Körperhaltung der Person und Situation entsprechend?
- Gestik angemessen?
- Gebärden angebracht?
- Mimik?
- Blickkontakt vorhanden?
- Auftritt/Abgang?

5) Kommunikationsgesichtspunkt
a) Kontakt zu den Zuhörern
- Schweigen zu Beginn und nach Abschluss der Rede?
- Wird Blickkontakt gehalten?
- Bleibt der Redner ruhig?
- Lässt er sich provozieren?

- Optimale Handhabung der Stichwortkarten?
- Audiovisuelle Hilfsmittel sinnvoll verwendet?
- Habitus, Bewegung, Gestik, Mimik, Haltung beachtet?
- Emotionaler Ausdruck (Freude, Überzeugung, Ehrlichkeit)?

b) Gesamteindruck
- Welche Gesamtwirkung haben die Rede und der Redner hinterlassen?

6) Hilfsmitteleinsatz
- Genügende Hilfsmittel?
- Einsatz?
- Anwendung?

Untersuchungen im pädagogischen Bereich haben eine enge Verbindung zwischen dem Lernerfolg von Schülern und dem Verhalten des Lehrers hervorgebracht. Gilt dies nicht auch für jeden Sprecher? Hat sein Verhalten nicht auch großen Einfluss auf den Redeerfolg?

Was schätzen die Zuhörer nicht?

Wenn ein Referent von seinem Publikum nicht akzeptiert wird, so kann er dies in den vielen, teils sehr kleinen Zeichen der Körpersprache erkennen. Was sind nun aber die häufigsten Ursachen für Redeflops? Die nachfolgend aufgeführten Stichwörter zeigen Ihnen mögliche Fehlerquellen. Die meisten davon können durch eine sorgfältige Vorbereitung ausgeschaltet werden.

Häufige Fehler beim Halten einer Rede:
- Referent will das Publikum besiegen; Zuhörerin oder Zuhörer verlieren das Gesicht, werden belehrt oder für dumm verkauft
- Rechthaberei, Druck, Drohung, Machtausübung
- unfreundliches oder arrogantes Verhalten, Taktlosigkeit
- Publikum wird gelangweilt
- zerstören von Werturteilen, ohne brauchbare Alternativen zu liefern
- Referent nimmt die Zuhörerinnen und Zuhörer nicht ernst oder unwichtig
- setzt sich für sich anstatt für die Zuhörerinnen und Zuhörer ein
- spricht nur von sich (egozentrisch)
- lässt erkennen, dass er Zuhörerinnen und Zuhörer für dumm hält
- steht nicht zu früheren Aussagen (zum Wort stehen) oder zur Wahrheit
- dauernde Entschuldigungen und persönliches Kleinmachen

Eine Auswahl aus dem Verlagsprogramm

RAT UND WISSEN

Bewerbung

Bewerbungsstrategien
1027-3, von Dr. W. Reichel,
128 S., kart.
DM 14,90

Initiativbewerbungen
2107-0, von Dr. W. Reichel,
128 S., kart.
DM 16,90

Legale Bewerbungstricks
60325-2, von V. S. Rottmann,
96 S., kart.
DM 12,90

Lebenslauf und Bewerbung
60007-5, von H. Friedrich,
112 S., kart.
DM 12,90

**Bewerbung um einen
Ausbildungsplatz**
1936-X, von P.-J. Schneider,
M. Zindel, 112 S., kart.
DM 16,90

**Bewerbungserfolg trotz
schwacher Zeugnisse**
60157-8, von A. Schieberle,
136 S., kart.
DM 14,90

Testtrainer Einstellungstests
4999-4, von Dr. W. Reichel,
136 S., geb.
DM 15,–
(limitierter Sonderpreis)

Vorstellungsgespräche
60012-1, von H. Friedrich,
144 S., kart.
DM 11,90

Arbeitszeugnisse
1444-9, von A. Nasemann,
136 S., kart.
DM 16,90

**Rechtsratgeber
für Arbeitnehmer**
60258-2, von U. Teschke-
Bährle, 160 S., kart.
DM 16,90

Beruf/Karriere

**Selbstständigkeit
und freie Mitarbeit**
1891-6, von T. Hammer,
Dr. W. Kiefl, 144 S., kart.
DM 19,90

**Erfolgreiche
Existenzgründung**
60285-X, von N. Rentrop,
192 S., kart.
DM 19,90

*FALKEN Reihe: FALKEN &
PITMAN MANAGEMENT*
Ausstattung: zwischen 184 S.
und 248 S., Broschur
Preis: DM 39,90
4972-2 Die ersten 100 Tage
als Chef
4973-0 Erfolgreiches
Zeitmanagement
4976-5 Richtig delegieren
4971-4 Erfolgreiche
Verhandlungstaktiken
4975-7 Die perfekte
Präsentation

4974-9 Meetings erfolgreich
steuern
7331-3 Marketing –
eine Einführung
7329-1 Erfolgreich im
Management
7330-5 Basiswissen für
Führungskräfte
7328-3 Mitarbeitermotiva-
tion durch Empowerment
7362-3 Das souveräne
Verhandlungsgespräch
7361-5 Erfolgsgeheimnis
Teambildung

Lernhilfen/Schule

**Erfolgreich im Beruf
mit NLP**
60288-4, von K. Grochowiak,
S. Haag, 104 S., kart.
DM 12,90

Handbuch Mathematik
4964-1, von W. Scholl,
R. Drews, 848 S., geb.
DM 69,90

Englische Grammatik
7341-0, von E. Henrichs-
Kleinen, 288 S., geb.
DM 39,90

**Gedächtnistraining mit
Eselsbrücken**
60060-1, von W. Ettig,
96 S., kart.
DM 12,90

Buchführung leicht gefaßt
60091-1, von H. R. Pohl,
104 S., kart.
DM 12,90

**Schreiben lernen mit
Schreibmaschine und PC**
60055-5, von O. Fonfara,
112 S., kart.
DM 9,90

**Kostenrechnung leicht
gemacht**
4826-2, von D. Machen-
heimer, 240 S., geb.
DM 39,90

FALKEN Reihe: Schülerhilfe
Ausstattung: zwischen 64 S.
und 172 S., kartoniert
Preis: zwischen **DM 14,90**
und **DM 29,90**
1834-7 Die neue deutsche
Rechtschreibung
1890-9 Deutsche Grammatik
1783-9 Aufsatz
1623-9 Bruchrechnen
1569-0 Geometrie

1709-X Prozent- und
Zinsrechnung
1570-4 Gleichungen und
Ungleichungen

Stand der Preise 01.03.1998 · Änderungen vorbehalten / *unverbindliche Preisempfehlung

RAT UND WISSEN

1888-6 Wurzeln und Potenzen
1624-7 English Pronouns
1574-7 English Tenses
1784-7 If-Clauses & Co.

Recht/Wirtschaft/Steuern

Was kostet mein Recht?
60234-5, von J. Mosler,
104 S., kart.
DM 12,90

Recht für Mieter
1932-7, von M. Gaida,
304 S., kart.
DM 29,90

Der FALKEN Bauherren-Ratgeber
4888-2, von W. Jung,
B. W. Klöckner, 352 S., kart.
DM 39,90

Ihr Recht als Vermieter
60243-4, von R. Richter,
P. J. Schneider, A. Pollert,
208 S., kart.
DM 16,90

Eheverträge
60037-7, von T. Münster,
226 S., kart.
DM 19,90

Erziehungsgeld, Mutterschutz, Erziehungsurlaub
60014-8, von J. Grönert,
192 S., kart.
DM 19,90

Scheidung und Unterhalt
60015-6, von T. Drewes,
220 S., kart.
DM 19,90

Gesetzliche und private Altersvorsorge
1847-9, von D. Rehahn,
H. A. Reichel, W. Schöttler,
192 S., kart.
DM 24,90

Wie hoch wird meine Rente?
60209-9, von K. Möcks,
A. Schmitt, 160 S., kart.
DM 16,90

Erbschaftsteuer aktuell
60324-4, von W. Ludwig,
128 S., kart.
DM 14,90

Testament und Erbschaft
2111-9, von T. Drewes,
R. Hollender, 296 S.,
englische Broschur
DM 29,90

Vermögensbildung mit Immobilien
1712-X, von W. Schwanfelder, 144 S., kart.
DM 24,90

Erfolg mit Aktien
1663-8, von A.-S. Rühle,
128 S., kart.
DM 16,90

Keine Angst vor dem Finanzamt
60064-4, von H. Vogt,
132 S., kart.
DM 16,90

Korrespondenz und Rhetorik

Der neue Briefsteller
60002-6, von I. Wolter-Rosendorf, 130 S., kart.
DM 12,90

Briefe und Reden für den Trauerfall
1789-8, von U. Wetter,
112 S., kart.
DM 16,90

Modernes Redetraining
1575-5, von Prof. Dr. R. Brehler, 120 S., kart.
DM 19,90

Körpersprache
60096-2, von H. Rückle,
96 S., kart.
DM 12,90

Reden für Familienfeiern
60281-7, von G. Kurz,
112 S., kart.
DM 12,90

Lebensstil und Umgangsformen

Kreative Wohnideen
4889-0, von T. Eichhorn,
128 S., geb.
DM 39,90

Farbberatung für die Wohnung
4743-6, von G. Watermann,
128 S., geb.
DM 49,90

300 neue Frisuren
7359-3, von S. Ehlers,
128 S., geb.
DM 29,90

Krawatten
7319-4, von F. Chaille,
180 S., geb.,
mit Schutzumschlag
DM 89,90

Tücher und Schals perfekt binden
1898-3, von E. Weber-Lorkowski, 48 S., kart.
DM 14,90

Umgangsformen heute
4876-9, von H.-G. Schnitzer,
256 S., geb.
DM 29,90

Der gute Ton im Privatleben
60097-0, von R. Bartels,
104 S., kart.
DM 12,90

Feste feiern

Das große FALKEN-Buch zur Märchenhochzeit
7360-7, von A. Körner,
C. Ziegler, ca. 224 S., geb.
ersch. Juni 1998
ca. DM 49,90

Hochzeitsfeste mitgestalten
1790-1, von A. Wilke, B. Haß
104 S., kart.
DM 19,90

Tischdekorationen für die Hochzeit
1825-8, von H. Grob,
A. Henseler u.a., 64 S., kart.
DM 19,90

Blumenschmuck für das Brautpaar
4881-5, von H. Grob,
A. Henseler u.a., 80 S., geb.
DM 29,90

Neue Hochzeitsreden
60158-6, von S. Harland
112 S., kart.
DM 12,90

Feste feiern
4825-4, von C. Kast,
128 S., geb.
DM 39,90

Die neue Glückwunschfibel
60031-8, von R. Christian-Hildebrandt, 106 S., kart.
DM 9,90

Astrologie/Esoterik

Kinderhoroskop
60242-6, von W. Noé,
152 S., kart.
DM 14,90

ISBN-Bestandteil: 3-8068- / bei Buchnummern, die mit der Ziffer 6 beginnen, lautet der ISBN-Bestandteil: 3-635-

RAT UND WISSEN · ESSEN UND TRINKEN

Liebes-Horoskop
60297-3, von W. Noé,
128 S., kart.
DM 12,90

Chinesisches Horoskop
60006-7, von G. Haddenbach, 86 S., kart.
DM 9,90

Das Indianische Horoskop
60294-9, von W. Noé,
128 S., kart.
DM 14,90

Wahrsagetechniken
60373-2, von G. Haddenbach, 144 S., kart.
DM 14,90

I Ging
60253-1, von R. Sorrell,
A. M. Sorrell,
224 S., kart.
DM 19,90

Reiki
60247-7, von B. Glaser,
U. Vogt, 128 S., kart.
DM 14,90

Traumdeutung
60045-8, von G. Haddenbach, 172 S., kart.
DM 12,90

UFOs über Deutschland
60319-8, von M. Hesemann,
208 S., kart.
DM 19,90

Geheimlehren
60236-1, von N. Drury,
G. Tillet, 144 S., kart.
DM 16,90

Schutzengel
60333-3, von T. Keller,
D. Taylor, 144 S., kart.
DM 16,90

Auto/Führerschein

Der neue Verwarn- und Bußgeldkatalog
60292-2, von F. Littek,
126 S., kart.
DM 12,90

Der Test-Knacker bei Führerscheinverlust
2113-5, von T. Rieh,
128 S., kart.
DM 19,90

Prüfungsfragen und Prüfungsbogen für den Führerschein Kl. 3
1490-2, 104 S., kart.
DM 19,90

Trennkost

Trennkost für 1 Person
4851-3, von U. Summ,
112 S., geb.
DM 29,90

Trennkost leichtgemacht für Berufstätige
4890-4, von U. Summ,
128 S., geb.
DM 29,90

Das große Buch der Trennkost
4498-4, von U. Summ,
128 S., geb.
DM 29,90

Das Beste aus Ursula Summs Trennkost-Küche
4985-4, von U. Summ,
160 S., geb.
DM 29,90

Trennkost aus ärztlicher Sicht
60259-0, von Dr. med.
T.-M. Heintze, 84 S., kart.
DM 12,90

Erfolgreich schlank durch die Trennkost-6-Wochen-Kur
1968-8, von U. Summ,
104 S., kart.
DM 19,90

Die aktuelle Trennkost-Tabelle
1871-1, von U. Summ,
80 S., Flexcover
DM 14,90

Länderküche

Provence
7365-8, von U. Skadow,
S. Dickhaut, 224 S., geb.,
mit Schutzumschlag
DM 49,90

Italienische Küche
4830-0, von M. Kaltenbach,
R. Simeone, 224 S., geb.,
mit Schutzumschlag
DM 49,90

Chinesische Küche
7304-6, von H. Fu-Lung,
224 S., geb.,
mit Schutzumschlag
DM 49,90

Thailand
4945-5, von B. Aepli,
128 S., geb.,
mit Schutzumschlag
DM 34,90

Indien
7370-4, von S. Dhawan,
128 S., geb.,
mit Schutzumschlag
DM 39,90

Englische Landhausküche
4981-1, von D. Watkins,
J. J. Watkins, 128 S., geb.,
mit Schutzumschlag
DM 39,90

Amerikanische Küche
7308-9, von C. Stevenson Jr.,
P. Niebergall, 128 S., geb.,
mit Schutzumschlag
DM 39,90

Kochen

Unsere Kochschule
4959-5, von M. Kaltenbach,
F. W. Ehlert, 306 S., geb.
DM 25,–
(limitierter Sonderpreis)

FALKEN Reihe:
Rezepte! Rezepte!! Rezepte!!!
Ausstattung: 96 S., kart.
Preis: **DM 16,90**
1937-8 Krabben, Garnelen & Co.
1994-7 Chili, Peperoni & Co.
1944-0 Pastinaken, Kürbis & Co.

1941-6 Pizza, Quiche und Tarte
1939-4 Feta, Mozzarella & Co.
1940-8 American Cookies

FALKEN Reihe: ErlebnisKüche
Ausstattung: 128 S., geb.,
mit Schutzumschlag
Preis: **DM 34,90**
4944-7 Nudeln
4946-3 Raclette und heißer Stein
7315-1 Fondues
4984-6 Aufläufe und Gratins
4982-X Salate

ESSEN UND TRINKEN · MENSCH UND GESUNDHEIT

**Johann Lafer kocht –
Neue Rezepte**
7306-2, von Johann Lafer,
160 S., geb.
DM 39,90

Iß und trink und liebe
7303-8, von K. Ottenbach,
72 S., geb.,
mit Schutzumschlag
DM 49,90

Preiswert kochen
60025-3, von E. Fuhrmann,
136 S., kart.
DM 12,90

**Vegetarische Gerichte
aus aller Welt**
4977-3, von A. Ilies,
224 S., geb.,
mit Schutzumschlag
DM 49,90

**Rezepte mit Joghurt,
Kefir & Co.**
60068-7, von G. Volz,
104 S., kart.
DM 12,90

Vollwertküche für Genießer
4815-7, von Prof. Dr.
C. Leitzmann, H. Million,
256 S., geb.
DM 39,90

Das essen Kinder gern
4978-1, von A. Brenner,
128 S., geb.
DM 29,90

Gerichte für Diabetiker
60033-4, von M. Oehlrich,
108 S., kart.
DM 12,90

**Cholesterinarm kochen
und genießen**
4442-9, von R. Unsorg,
168 S., geb.
DM 49,90

**Fettarm kochen –
Abnehmen mit Genuß**
4866-1, von G. Hölz,
H. Million, 128 S., geb.
DM 39,90

Getränke

FALKEN Mixbuch
4733-9, Hrsg.: P. Bohrmann,
560 S., geb.
DM 39,90

Weinlexikon
4942-0, von Dr. H. Ambrosi,
384 S., geb.
DM 39,90

Meine Lieblingsweine
7364-X, von M. Broadbent,
224 S., geb.,
mit Schutzumschlag
DM 89,-

**Wein richtig genießen
lernen**
4809-2, von H. Ambrosi,
I. Swoboda, 128 S., geb.
DM 29,90

Mein Hobby Wein
7309-7, von R. Kriesi,
128 S., geb.
DM 34,90

**Was Weinfreunde wissen
wollen**
7342-9, von Prof. Dr.
K. Röder u.a., 192 S., geb.
DM 29,90

ElternRatgeber

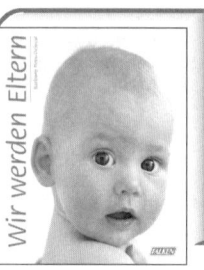

Wir werden Eltern
7353-4, von B. Nees-Delaval,
416 S., geb.
DM 39,90

Die schönsten Vornamen
4755-X, von Dr. D. Voor-
gang, 200 S., geb.
DM 19,90

Die Kunst des Stillens
60084-9, von Prof. Dr. med.
E. Schmidt, S. Brunn,
110 S., kart.
DM 12,90

Das erste Jahr mit dem Baby
4884-X, von Dr. med.
M. Weber, 144 S., geb.
DM 39,90

Wenn Kinder krank werden
7316-X, von B. Nees-Delaval,
240 S., geb.
DM 39,90

**Mein Kind ist krank,
so hilft die Natur**
4761-4, von Dr. med.
H. Wachtl, 160 S., geb.
DM 39,90

Menschen und Gesundheit

Heilpflanzen
4954-4, von A. Eckart,
Dr. G. Eckert, 176 S., geb.
DM 39,90

**Blütentherapie nach
Dr. Bach**
60019-9, von I. Wenzel,
96 S., kart.
DM 9,90

**Traditionelle Chinesische
Medizin**
60312-0, von Dr. med.
C. Kunkel, 118 S., kart.
DM 14,90

**Chinesische Fünf-Elemente-
Ernährung**
68005-2, von Dr. med.
C. Kunkel, 144 S., kart.
DM 29,90

Allergien
60057-1, von G. Leibold,
100 S., kart.
DM 12,90

Neurodermitis
1649-2, von Prof. Dr. med.
phil. S. Borelli, Prof. Dr.
med. J. Rakoski, 136 S., kart.
DM 24,90

Schuppenflechte
1467-8, von Prof. Dr. med.
phil. S. Borelli, Prof. Dr.
med. R. Engst, 102 S., kart.
DM 19,90

Teebaumöl
1878-9, von S. Poth,
Prof. Dr. J. Reichling,
96 S., kart.
DM 19,90

**Natürlich entgiften mit der
Öl-Zieh-Kur**
60391-0, von I. Hammel-
mann, 88 S., kart.
DM 10,90

**Die sagenhafte Heilkraft
der Papaya**
60396-1, von H. Tietze,
80 S., kart.
DM 12,90

ISBN-Bestandteil: 3-8068- / bei Buchnummern, die mit der Ziffer 6 beginnen, lautet der ISBN-Bestandteil: 3-635-

MENSCH UND GESUNDHEIT · SPORT UND FITNESS

Heilen und Vorbeugen mit Wein
0311-2, von Dr. med.
-A. Graf von Ingelheim,
Swoboda, 96 S., kart.
DM 14,90

Grapefruitkern-Extrakt für Gesundheit und Kosmetik
60379-1, von R. Knoller,
80 S., kart.
DM 12,90

Rheuma
60040-7, von Prof. Dr. med.
K. Gräfenstein, 108 S., kart.
DM 14,90

Gymnastik für die Halswirbelsäule
1610-7, von J. Engelmann,
96 S., kart.
DM 19,90

Streß bewältigen durch Entspannung
60070-9, von Dr. med.
Ch. Schenk, 122 S., kart.
DM 14,90

Positives Denken und Entspannungstechniken
60305-8, von Dr. med.
C. Schenk, 112 S., kart.
DM 12,90

Augentraining
1616-6, von M. Gollub,
Hrsg.: K. Haak, 96 S., kart.
DM 24,90

Massage
60038-5, von K. Schutt,
78 S., kart.
DM 12,90

Akupressur
1231-4, von F. T. Lie,
192 S., kart.
DM 29,90

Fußsohlenmassage
60036-9, von G. Leibold,
96 S., kart.
DM 11,90

Yoga
60093-8, von U. Thomsen,
104 S., kart.
DM 12,90

Sport

FALKEN Lexikon für Pferdefreunde
7352-6, von G. Wöckener,
320 S., geb.,
mit Schutzumschlag
ersch. Mai 1998
DM 69,90

FALKEN Reihe:
Ratgeber für Reiter
Ausstattung: zwischen 128 S.
und 176 S., geb. oder kart.
Preis: zwischen DM 29,90
und DM 39,90
4797-5 Ich will reiten lernen
4845-9 Junge Pferde selbst ausbilden
4871-8 Reiten für Einsteiger
4716-9 Reiten auf Gangpferden
4949-8 Wie verstehe ich mein Pferd?

Golf. Die frühen Jahre
7339-9, von D. Concannon,
144 S., geb.,
mit Schutzumschlag
DM 69,90

Der Schwung
4784-3, von O. Heuler,
128 S., geb.
DM 29,90

Fehler & Korrekturen
4872-6, von O. Heuler,
144 S., geb.
DM 39,90

FALKEN Reihe: Sportregeln
Ausstattung: zwischen 96 S.
und 128 S., kart.
Preis: zwischen DM 16,90
und DM 24,90
1676-X Basketball
1674-3 Pool-Billard
2135-6 Fußball
1754-5 Eishockey
1755-3 Tennis
1807-X Badminton

Tauchen
4955-2, von S. Müßig,
128 S., geb.
DM 39,90

Tennistraining mit System
4878-5, von A. Ferrauti,
P. Maier, K. Weber,
192 S., geb.
DM 49,90

Billard
1313-2, von Dr. H. Stingl,
112 S., kart.
DM 29,90

Aggressive In-Line-Skating
1836-3, von U. Sauter u.a.,
96 S., kart.
DM 24,90

Snowboarding
1860-6, von A. Hebbel-Seeger, 112 S., kart.
DM 29,90

Angeln
60080-6, von E. Bondick,
80 S., kart.
DM 12,90

Tanzen
4948-X, von P. Wolff,
192 S., geb.
DM 49,90

Fitness/Gymnastik

Fitness-Boxen
1671-9, von F. Kürzel,
P. Wastl, 96 S., kart.
DM 24,90

Fit mit Ayurveda
60260-4, von J. Douillard,
208 S., kart.
DM 19,90

Stretching
60085-7, von E. Kleila,
64 S., kart.
DM 9,90

Muskeltraining zu Hause
60100-4, von A. Balk,
128 S., kart.
DM 14,90

Kampfsport

Aikido
2120-8, von R. Brand,
280 S., kart.
DM 24,90

Judo
0305-6, von M. Ohgo,
206 S., kart.
DM 24,90

Karate Grundlagen
1863-0, von E. Karamitsos,
B. Pejcic, 144 S., kart.
DM 29,90

25 Shotokan-Katas
2125-7, von A. Pflüger,
88 S., kart.
DM 24,90

Bruce Lee – Sein Leben und Kampf
0392-7, von L. Lee,
136 S., kart.
DM 24,90

DO IT YOURSELF U. TECHNIK · KREATIVES GESTALTEN · SPIELE U. DENKSPORT

Bruce Lees Kampfstil 1
0473-7, von B. Lee,
M. Uyehara, 112 S., kart.
DM 9,90

Bruce Lees Kampfstil 2
0486-9, von B. Lee,
M. Uyehara, 128 S., kart.
DM 12,90

Dynamische Tritte
1683-2, von G. Chung,
C. Rothrock, 128 S., kart.
DM 16,90

Taekwondo
0347-1, von K. Gil,
152 S., kart.
DM 16,90

Ninja
1161-X, von A. Adams,
192 S., kart.
DM 19,90

Heimwerken/Technik

FALKEN Reihe: Do it yourself
Ausstattung: zwischen 80 S.,
und 104 S., kart.
Preis: **DM 19,90**
1665-4 Reparaturen in Haus
und Garten
1159-8 Betonieren, Mauern,
Fliesen
1857-6 Bäder ausbauen und
modernisieren

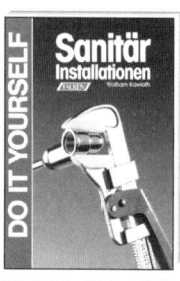

1118-0 Sanitärinstallationen
1799-5 Fliesen legen
1855-X Tapezieren und
Streichen
1841-X Dachausbau
1995-5 Innenausbau mit
System
1859-2 Elektroarbeiten
1716-2 Sicherheit an der
Haustür

Heimwerken
4983-8, von T. Pochert,
416 S., geb.
DM 49,90

Foto/Video

Moderne Fotopraxis
7310-0, von G. Koshofer,
Prof. H. Wedewardt,
240 S., geb.
DM 49,90

Zeichnen und Malen

Kreativ zeichnen
4688-X, von B. Bagnall,
176 S., geb.
DM 39,90

Aquarellmalerei
4529-8, von Prof. W. Wrisch,
136 S., geb.
DM 39,90

Kalligraphie
1044-3, von I. Schade,
80 S., kart.
DM 19,90

Airbrush
1133-4, von C. M. Mette,
80 S., kart.
DM 19,90

Seidenmalerei

Lexikon der Seidenmalerei
4737-1, von K. Huber,
208 S., geb.
DM 49,90

Aquarellieren auf Seide
4842-4, von Shahida,
112 S., geb.
DM 39,90

**Einführung in die
Seidenmalerei**
0611-X, von R. Henge,
88 S., kart.
DM 19,90

Malen auf Seide
4941-2, von C. Köhl,
Shahida, 112 S., geb.
DM 29,90

Verschiedene Techniken

Alles aus Wellpappe
1430-9, von I. Kasperek,
64 S., kart.
DM 19,90

Landhausstil
7332-1, 128 S., geb.
DM 34,90

Artischockentechnik
1682-4, von M. von
Perbandt, K. Teuber,
64 S., kart.
DM 19,90

Patchwork und Quilt
4803-3, von I. Kahmann
u.a., 112 S., geb.
DM 29,90

Nähen
4709-6, von S. von Rudzinski,
176 S., geb.
DM 39,90

Perfekt Stricken
4821-1, von H. Jaacks,
224 S., geb.
DM 39,90

Töpfern ohne Scheibe
0896-1, von A. Riedinger,
80 S., kart.
DM 19,90

**Dekorieren und Gestalten
mit Naturmaterialien**
4748-7, von E. Dommers-
hausen u.a., 128 S., geb.
DM 29,90

Stempeln
1823-1, von E. Metz,
P. Läpple, 80 S., kart.
DM 19,90

Freundschaftsbänder
1720-0, von A. Neeb,
E. Walch u.a., 64 S., kart.
DM 19,90

**Bücher, Alben, Schachteln
selbermachen**
4772-X, von P. Baumgartner
96 S., geb.
DM 29,90

**Geldgeschenke und
Geschenkgutscheine**
1684-0, von S. Haenitsch-
Weiß, 64 S., kart.
DM 19,90

Spiele/Denksport

Bridge für Einsteiger
1691-3, von B. Ludewig,
104 S., kart.
DM 16,90

Doppelkopf
1828-2, von U. Vohland,
96 S., kart.
DM 16,90

Kartenspiele
7333-X, von M. Mala,
176 S., geb.
DM 29,90

Backgammon für Einsteiger
1690-5, von M. B. Fischer,
E. Heyken, 104 S., kart.
DM 16,90

ISBN-Bestandteil: 3-8068- / bei Buchnummern, die mit der Ziffer 6 beginnen, lautet der ISBN-Bestandteil: 3-635

atiencen
0020-2, von I. Wolter-
osendorf, 112 S., kart.
M 12,90

oker
0225-6, von C. D. Grupp,
12 S., kart.
M 12,90

chach für Einsteiger
724-3, von E. Heyken,
20 S., kart.
M 19,90

pielideen für Partys
725-1, von E. und
I. Bücken, 88 S., kart.
M 16,90

11 Spielideen, das
Gedächtnis zu trainieren
829-0, von T. Werneck,
6 S., kart.
M 16,90

Knobeleien und
Denksportaufgaben
0099-7, von K. Rechberger,
00 S., kart.
M 12,90

Ratgeber für Kinder

FALKEN Reihe:
Ratgeber für Kinder
Ausstattung: zwischen 48 S.,
und 64 S., geb.
Preis: DM 19,90
897-1 Mein Mutmachbuch
898-X Mein Krankenhaus-
buch
896-3 Mein erstes
Pferdebuch

337-2 Mein erstes Reitbuch
991-9 Mein Kochbuch
990-0 Mein Ballettbuch
900-5 Mein Fußballbuch
938-2 Mein Fahrradbuch
335-6 Mein erstes
Inline-Skating-Buch
894-7 Mein Katzenbuch
939-0 Mein Hundebuch

4993-5 Mein Hamsterbuch
7324-0 Mein Wellensittich-
buch
7338-0 Mein Meer-
schweinchenbuch
4992-7 Wenn meine Eltern
sich trennen

Kinderbeschäftigung

Das neue
Bastelbuch für Kinder
4893-9, von U. Barff,
I. Burkhardt, J. Maier,
208 S., geb.
DM 39,90

Basteln mit Pappe und
Papier
4843-2, Hrsg.: U. Barff,
112 S., geb.
DM 29,90

Schminken und Verkleiden
4773-8, von W. Stelzen-
hammer, Hrsg.: U. Barff,
128 S., geb.
DM 29,90

Spielen mit einfachen
Sachen
4994-3, von A.-G. Patz,
D. Patz, 112 S., geb.
DM 29,90

Tanz-, Kreis- und
Bewegungsspiele
7343-7, von A.-G. und
D. Patz, 112 S., geb.
DM 29,90

Spiele für Kleinkinder
60022-9, von D. Keller-
mann, 104 S., kart.
DM 12,90

Kinderleichte Kochrezepte
für kleine Leute
4850-5, von K. Müller-Urban,
128 S., geb.
DM 19,90

Garten

Die große FALKEN
Gartenschule
7354-2, von J. Breschke u. a.,
560 S., geb.,
mit Schutzumschlag
DM 79,90

FALKEN Gartenjahr
7355-0, von K. Greiner,
A. Weber, P. Michaeli-
Achmühle, 320 S., geb.
DM 39,90

100 englische Gärten
4885-8, von P. Taylor,
216 S., geb.,
mit Schutzumschlag
DM 79,–

Bauerngärten
4786-X, von U. Krüger,
128 S., geb.
DM 39,90

Naturgärten
4967-6, von J. Korz,
240 S., geb.
DM 69,90

Gartengestaltung mit
Phantasie
7318-6, von K. Greiner,
Dr. A. Weber, 208 S., geb.,
mit Schutzumschlag
DM 79,90

Blumen, Stauden,
Ziergehölze
4753-3, von K. Greiner,
Dr. A. Weber, 384 S., geb.
DM 69,90

FALKEN Lexikon Gartenteich
4778-9, von I. Polaschek,
A. Fischer-Nagel,
216 S., geb.
DM 49,90

Grüner wohnen
4886-6, von U. Krüger,
144 S., geb.,
mit Schutzumschlag
DM 49,90

Tiere

Katzen auf natürliche
Weise heilen
7314-3, von Dr. med. vet.
C. Möller, 128 S., geb.
DM 29,90

Richtige Katzenernährung
1869-X, von H. Wenzel,
96 S., kart.
DM 16,90

Wellensittiche
1813-4 von H. Bielfeld
96 S., kart.
DM 16,90

Alles über Kanarienvögel
0901-1, von H. Schnoor,
64 S., kart.
DM 14,90

Zwergkaninchen
1680-8, von M. Mettler,
96 S., kart.
DM 16,90

Zwerg- und Goldhamster
1734-0, von M. Mettler,
96 S., kart.
DM 16,90

Meerschweinchen
1812-6, von M. Mettler,
96 S., kart.
DM 16,90

Das Süßwasseraquarium
4752-5, von Dr. med. vet.
J. Etscheidt, 224 S., geb.
DM 49,90

Terrarium
7313-5, von W. Ullrich,
128 S., geb.
DM 29,90

FALKEN Reihe:
Hundebibliothek
Ausstattung: zwischen 80 S.
und 112 S., kartoniert
Preis: zwischen DM 14,90
und DM 19,90

TIERE · REISEVIDEO

1757-X Dalmatiner
1756-1 Dackel
1677-8 Labrador, Retriever
1644-1 Neufundländer und Landseer
1596-8 Boxer
1513-5 Schäferhunde
1514-3 West Highland White Terrier
1808-8 Setter
1866-5 Siberian Husky
1809-6 Hovawart

1990-4 Tibet Terrier
1811-8 Foxterrier
1512-7 Streuner und Tierheimhunde
1604-2 Hundekrankheiten erkennen und behandeln
1991-2 Mit dem Hund in den Urlaub
1810-X Rechtsratgeber für Hundehalter

Das neue Hundebuch
60079-2, von W. Busak, 124 S., kart.
DM 14,90

Erfolgreiche Hundeerziehung
4808-4, von U. Birr, 144 S., geb.
DM 29,90

Reisevideo

FALKEN Reihe: Reisevideos
Ausstattung: VHS, ca. 60 Min.
Laufzeit, in Farbe
Preis: **DM 39,95***

FALKEN hat Reisevideos zu über 70 Urlaubszielen in aller Welt von **A** bis **Z**

6249-4 Amsterdam

6226-5 Neuseeland

6206-0 Zypern

ISBN-Bestandteil: 3-8068- / bei Buchnummern, die mit der Ziffer 6 beginnen, lautet der ISBN-Bestandteil: 3-63█

BESTELLSCHEIN

Hiermit bestelle ich aus dem Programm der Verlagsgruppe FALKEN, Postfach 11 20, D-65521 Niedernhausen, **durch die Buchhandlung:**

Falls durch besondere Umstände Preisänderungen notwendig werden, erfolgt Auftragserledigung zu dem bei der Lieferung gültigen Preis.
(Soweit gesetzlich nicht anders vorgesehen, ist der Erfüllungsort und Gerichtsstand der jeweilige Sitz der Lieferfirma).

Anzahl	Bestell-Nr.:	Titel	Einzelpreis	Gesamtpreis
			Summe	

zzgl. Porto- und Versandkosten

Name: Straße:

Ort:

Datum: Unterschrift:

(Bei Jugendlichen der gesetzliche Vertreter)

FTB-V V F '98

Werbemittel-Nr. 99143

Der Spezialist für nützliche Bücher und Videos